経験と知の再構成

社会人のための社会科学系大学院のススメ

東洋大学福祉社会システム専攻出版委員会 編

東信堂

はしがき

本書は、東洋大学福祉社会システムデザイン研究科福祉社会システム専攻の授業で使用した資料をもとに、よりわかりやすくするため記述をあらため、再構成したものである。福祉社会システム専攻は、日本で最初の社会人のための社会学・社会福祉系夜間大学院であり、一九九六年に開設され、二〇一一年三月現在で二八五名の修了生を送り出してきた。

社会人を対象とする大学院教育はまさに手探りの中から始まった。その過程でとりわけ重要な課題として浮かび上がったのが、次のような事柄である。

社会人大学院生は豊富な知識と経験を有し、またそれらに根差した深い問題意識を持っている。そのような社会体験を研究に生かすには、学術的な議論の文脈に即して関心を再構成する必要があるが、この学術的な知へのチャンネルの切り替えに、社会人大学院生は例外なく戸惑い、多大な苦労を強いられるという事実がある。当初は教員が個々に工夫しながら対応を重ねていたが、それらの工夫を持ち寄って体系化することで、社会人大学院生をさらに有効に支援できると考えた。こうして二〇〇六年のカリキュラム再編のおりに新設されたのが、「研究基礎論」という科目である。「研究基礎論」は、研究活動に関わる基礎的事柄について、当該専攻で研究指導を担当する教員がオムニバスで講義をするもので、修士一年生の必修科目である。テキストは教員が手作りをして、簡易製本にまとめたものを使用した。前述の通り、本書はそのテキストをもとにしたものである。

社会の変化は急速で、二〇代前半までに学んだ知識や技能だけをもって生涯のよすがとするには心細い時代となっている。社会人生活のどこかでの再度の学び直しが重要となり、その学び直しの場のひとつに、社会人のための大学院がある。

社会人の学びは、一〇代や二〇代前半の学生時代のそれとは異なり、学びの姿勢ははるかに能動的である。勉学の過程には、それまでの人生のあり方への問い直しも含めての様々な思いがこめられ、同じような問いに向き合う他の社会人大学院生との関わりが、さらなる豊かさをもたらすのである。まさに、生きるための学びがここにある。本書が、このような学びの営みに参加している社会人大学院生に少しでも役立つようにと願ってやまない。また、このような学びの過程への参加を検討している皆さんには、本書を通じて、その意義を感じとっていただければ幸甚である。

東洋大学福祉社会システム専攻出版委員会

目　次：経験と知の再構成

はしがき……i

第1部　社会人のための大学院入門……3

I　「研究」についての認識を新たにする……井上　治代　5
1．はじめに　5
2．「私的な自己実現」ではなく「学位取得」という自覚　6
3．「職場」と「研究」における能力は別ものである　8
4．「分析枠組」をしっかりもつこと　10

II　社会人の大学院生活……須田木綿子　12
1．はじめに　12

2. プレッシャー 13
3. 仕事と家族と時間と体力のバランス 15
4. 教員や他の大学院生との関係 17
5. 若い時の勉強とは違う 17
6. 苦しいけど、のりこえる意味がある 19
7. おわりに 20

III 大学院における授業……西澤 晃彦 22
1. 「授業」ではない授業 22
2. 授業に参加する 24
3. 練習の場としての授業 26
4. 教室はまちがうところだ 28

IV 社会的事実とは何か……紀 葉子 30
1. はじめに 30

2．予先観念あるいは先入観とは何か　32
3．歴史的特殊性へのまなざし　34
4．「もののように（comme des choses）」みる　36
5．対話の重要性　39
6．むすびにかえて　43

第2部　いかに研究するか……45

I　論文の基本構造……須田木綿子　47
1．はじめに　47
2．論文の基本構造　49
3．論文を読む場合　50
4．論文を書く場合　60
5．まとめにかえて　67

Ⅱ　論文の作法……須田木綿子　69

1．論文にふさわしい文章表現　69
2．引用のマナー　72

Ⅲ　先行研究等の集め方、読み方……藤林　慶子　81

1．何を集めるのか　81
2．どのように集めるか――文献検索の方法　84
3．集めた資料を整理する　88
4．文献収集のコツ　90
5．文献の読み方　92

Ⅳ　「現場」と大学院の往還――当事者は研究者にいかになるのか……西澤　晃彦　94

1．「現場」とフィールド　94
2．「観察する参与者」と「参与する観察者」　98
3．「書く」ということ　101

Ⅴ　社会調査は嘘をつく……紀　葉子　104
1. はじめに　104
2. 問いかけの技法　105
3. 新しい調査手法の罠　109
4. 面接調査の陥穽　112
5. おわりはじまり　114

Ⅵ　調査・研究の倫理……高山　直樹　115
1. なぜ調査・研究に倫理が必要なのか　115
2. 研究における倫理の原点――研究は諸刃の剣　117
3. ヒューマンサービスにおける価値・倫理・専門性　122
4. 学会における研究倫理指針　124
5. 調査・研究における倫理的問題と配慮　124

終　章　社会経験を通じて鍛えられる知 ……………… 松本　誠一　129
1. 学校と社会　129
2. 研究生活の喜怒哀楽　130
3. 社会人が研究するにあたって五つの壁　134
4. 社会人とは――やや小難しくその意味を問う　141

付　録　指導教員とのコミュニケーションと指導の受け方 ……… 藤林　慶子　147

あとがき ……………………………………………………………… 152
執筆者一覧　154

経験と知の再構成——社会人のための社会科学系大学院のススメ

第1部　社会人のための大学院入門

I 「研究」についての認識を新たにする

井上　治代

1．はじめに

社会人が大学院で学ぶことについて、本書はさまざまな角度から説明をしている。研究それ自体でなくても、「仕事をしながら研究する時間をいかに作り出すか」とか、「大学院に行っていることが職場で不利にならないようにするにはどうしたらよいか」、あるいは「互いに刺激し励まし合える仲間づくりをいかにするか」、「指導教授の選び方、指導の受け方」など、数え切れないほどの視点がある。

ここでは社会人の大学院生の多くが、研究上で陥る「落とし穴」について触れながら、「学位取得」

という壮大なチャレンジに一歩踏み出したことへの自覚の大切さと、「研究」や「論文」の認識を正しく持ってもらうことに焦点をあてて説明することにしたい。

その際、本書が社会学や福祉学といった社会科学系の大学院を想定して書いていることを申し添えておかなければならないだろう。なぜならば学問分野によっては、論文に対する位置づけや書き方が大きく異なるからである。建築・デザインなどのように制作物が主体になる分野では、論文はその説明的な役割を持ち、理系分野は実験そのものの意味が大きく、その経過や結果を簡潔にまとめるのが論文である。しかし、本書が想定する社会科学系論文は、論文それ自体の合理性、論理性、説得性が問われ、論文の構成なども評価に関わって来る。こういった学問分野の特徴をも意識して本書を読みすすめてもらいたい。

2.「私的な自己実現」ではなく「学位取得」という自覚

大学院に進学した理由は「自分のキャリア・アップを図りたい」「自分の自己実現のために入学した」「職場での問題や疑問を研究して今の仕事に生かしたい」などと人それぞれである。そこで大学院生の中には、自分の入学理由や動機が自分固有のものであるということから、修士論文を書くことは「自分の人生における固有の作業」「私的な自己実現」と位置づけ、論文は「自分が満足すること」を書けばよいと考えている人が多い。

しかし、いくら私的な動機から論文を書くに至ったとしても、それが論文である以上、そして「学位」を取得しようとするものであればなおさら「私的な自己実現」ではなく、当該学問分野に帰属し貢献するものでなければならない。

まずは自分が学位を取得しようとする当該学問分野、すなわち「研究フィールド」があることを認識し、独りよがりに書いてはいけないことを自覚することから研究をスタートしよう。

修士論文を書くという時点で、一個人の私的な目標を超えて、学会で通用するような論文を目指さなければならないのである。研究成果は、各分野において発表され、時には論争し、相互作用して高められ、蓄積されるものである。また論文は常に批評の対象として晒される運命にある。いくら、自分にとって初めての発見や貴重な成果であっても、すでに論証されていることを、さも独自の成果のように言っても意味がない。そればかりか、他の研究論文を把握していないということで、むしろ論文のレベルが問われる。

「福祉学」や「社会学」といった学位を受ける学問分野で、自分が問題意識をもって論証しようというテーマが、既に研究し尽くされていれば、その論文は意味を持たないのである。それどころか、自分と類似した問題意識をもって書かれた先行論文が、どの程度あって、どこまで論証されているか、そして自分の論文が先行する論文と違って何を論証できたのか、といったことが踏まえられていなければ、論文としての体裁をなしていないことになる。

「自分は学会には入会していないし、今後、研究職に就くつもりもない。そういった晴れがましい世界とは関係なく、ただ自分の問題意識を学問的に解明したいだけ」と思っている人がいるが、「学位を取得する」という高度なチャレンジをしているのであるから、論文それ自体は「私的」な域をはるかに超えている。いくら動機や行為が私的であったとしても、求めているものが学位取得であれば、学問分野抜きには考えられない。

具体的な論文の書き方の解説は後章に譲るが、ここでは、学位を取ろうとする者は、当該学問分野の「研究フィールド」に入ったことを自覚し、そこに通用する研究をしなければならないという「認識」や「心構え」を新たに持つことが、研究の第一歩であることを伝えておきたい。

3.「職場」と「研究」における能力は別ものである

社会人の大学院生を見ていると、よく見かけるタイプがある。「職場での専門職の能力と、研究者が持つ専門能力は、別ものである」ということが自覚できていない人が多い。

専門職に就いている人は、職場での仕事のあり方や日々起こっていることを熟知している。そういった自分の職場をフィールドとして研究を行う場合、そこで起こっていることや専門的知識は誰よりも詳しく語ることができる。しかし、そのことと論文を書く技術は全く別の能力であることを自覚している人は少ない。いや、わかっていても、授業などで他者の論文を読んで評論する場合、「経験豊かな専門職の自分」が、「研究を目指す未熟な自分」に代わって、すらすらと「現場にいるからこそわかる話」を詳細に語ってしまい、院生仲間からは「専門的なことに熟知した能力のある人」と思われていたのに、論文がなかなか書けないという人が多い。

つまり、他者の論文を読んで学ぶとき、そこに書かれている事象について専門職としての感想や意見を語っていたのでは、論文を書く技術は磨かれないということである。論文の構成や論理の妥当性、結論の導き方などといった、論文を書くための技術に目を向け、評論する能力を養うことが必要である。その論文は、何を解明するために書かれた論文か（目的）、そのためにどういった視点から（視覚）、どのような手法で解明しているか（方法）、どのような調査・データを駆使して論証しようとしているのか、各章が持つ内容と全体におけるその章が果たす役割は何か、といったように、テクニカルな面に目が向くようになると、自身の論文の書き方も自然と身について来るのである。

教員は学生の知識の量ではその能力を判断せず、学生が論理的な思考ができるかどうか、論理的な文が組み立てられるかどうかで、その学生の能力を見抜いているものだが、学生同士では知識があることが能力の評価につながってしまっている。授業などの発表で「専門職の自分」が、その場その場を繕ってきてしまうと、なかなか研究者としてのレベルをアップする機会がもてずに時が経過してしまっているようだ。

よく専門職の立場で研究者の調査に協力して来た人が、大学院に入って来るケースがある。大学の教員が福祉現場に来て、数時間で話を聞き取り、それを論文にする。そういうことに立ち会って、

「自分たちの方がもっと熟知している」、だから「自分たちもこのぐらいの研究はできる」と思うのだろう。

専門職の人は未経験から始まって職場でトレーニングを何度も受けて、努力のすえプロとしての能力が向上したことだろう。それと同じように、研究職も専門職の一つで、研究者もまた、研究に関してはトレーニングを受け続けてきている。専門職の人が現場で努力し経験を積んできたように、研究者にも別のトレーニングが必要なのである。

「二つの専門職はそれぞれ違う」という自覚を持つことが大事である。自分はこんなにたくさんの知識があるから、だから書けるだろうと思ったら間違いで、別のトレーニングがいるということを自覚することが、まず初めの一歩である。

4.「分析枠組」をしっかりもつこと

社会人の大学院生の論文で多いパターンは、比喩的なことばで表現すれば、「大きな海に網をかけ、そこでとれる魚の全てを単純にすくって、何がとれたかを説明する」ものである。漁をする季節や海域を考慮し、どの種の魚を捕ろうとするのか、それにはどのような網を使い、どのような方法が有効であるのかといったことが練られていない。

具体例をあげてみよう。たとえば児童相談所で児童福祉司として働く院生が、児童福祉司の抱える問題を論文にまとめようと考えたとする。そうすると院生は、児童福祉司を対象として「何を問題と感じているか」聞き取り調査をし、そこで語られたこと全てを整理するというパターンをとる人が多い。そこには何がないかというと、「分析の視角」「論理性」「理論」といったものである。同様の職場で働く専門職の立場から、問題の全てを列挙したい気持ちはわかるが、一つの論文で全てを盛り込もうとするのではなく、どのような視点から切り込むかといった、分析枠組みが必要である。

では、そういった技術を修得するためにはどうしたらいいか。それは他者の論文をしっかりと読みこなすことが基本となるだろう。

前にも触れたように、論文が扱っている内容にのみ関心をもつのではなく、その論文が、どのような論理的な組み立てで課題を論証しているか、分析枠組や論証方法に関心を持って読むことである。その論文は何を明らかにしようとしているのか、それは当該分野でどのような価値を持つのか、オリジナリティは何か、どういう視点で問題をとらえているか、研究の到達点と残された課題は何か、結論を導き出すための論理的手法・理論はどのようなものを使っているか、といったことを意識して読み解いていると、自然と自分自身の論文作成能力が養われていくだろう。

社会人であることは、知識や経験が豊かであることが強みである。それが最高に生かされるためにも、論文を書くためのトレーニングを積んでほしい。

II 社会人の大学院生活

須田 木綿子

1．はじめに

親元から学校に通っていた時とは異なり、社会人が勉学するにあたっては様々な調整を必要とする。多くの大学院生がフルタイムの職業に従事し、家庭でも子育てや高齢になった親の世話などの重責をいくつも引き受けている。そのうえに、大学院での研究活動という並々ならぬ負担が加わる。すべてを完璧にこなすことは不可能であるから、周囲の応援をひきだすための「助けられ上手」になることが肝要である。頑張りすぎては心身の体調を崩しかねないので、ほどほどのところで「できません」と謝らざるを得ない場面も出てくるだろう。

このように大変な状況にもかかわらず、社会人大学院生は嬉々として授業にやって来る。大学院での時間を共有する仲間とは心豊かな関係を築き、卒業後も互いへの深い信頼にもとづく温かい交流が続く。

本章では、社会人として大学院に通う学生へのグループインタビューをもとに、このような社会人大学院生が直面する課題と、大学院生活を通じて得られる喜びの一端を紹介する。

2. プレッシャー

入学してまず直面するのが、プレッシャーである。

五〇歳代後半のある大学院生は、同期の学生の中で自分が二番目に年長であることを、良きにつけ悪しきにつけ意識するという。大学院入学当初、授業で課題として読まされた本の内容がまったく理解できず、「（大学院に）来てまずかった」と後悔した。しかもその自分の目の前で、年若の院生がすらすらと内容を報告し、意見を述べている様子を見て、情けないような悔しいような気持ちになった。

社会人経験があって、知識や関心に広がりがあるがゆえの困難もある。ひとつのことを考え始めれば、あれもこれもと、すべてが関わりあっているように思われる。大学院の授業等を通じて提供される情報量は膨大で、関心も拡散するばかりである。そのうえに、教員はそれぞれに違うことを語り、それでいて、修士論文で何もかもをとりあげるのは無理だから、「テーマを絞り込め」と言う。いったいどうすれば良いのか、途方に暮れる。

しかし何よりもプレッシャーを覚えるのは、書くことに対してであるという。多くの社会人が、職業についた瞬間に、書くことから遠ざかってしまう。看護師や社会福祉の専門職従事者はケア日誌等の書類を日常的に作成しているし、一般の職場でも報告書などを書かされるが、それは「まったく別物」である。大学院では、「面白い」とか「これは問題だ」など、自分の中に湧きあがる感覚や直感を適切な言葉で表現し、そのような感想を抱くに至った内的な思考過程を他者にもわかるように伝えなければならない。進学直後は少なからずの大学院生が、その難しさに「ショックを受ける」。

いっぽう大学院の教員は、自身が学部・大学院の学生であった時代から論文を書き続けている場合が多いので、書くことから遠ざかった生活をイメージできない。そのため、書くことに臆しがちな社会人大学院生の気持ちを理解することも難しいようである。ある大学院生は、「とにかく文章がなってない」と指導教授から言われ、「本当にだめなんだと思うけど、どうすれば良いかわからない」と述べた。

3．仕事と家族と時間と体力のバランス

上記のようなプレッシャーを前に、「どうしよう、どうしようと思いながらも、日々は忙しく過ぎていく。」重要なのは、仕事と家族と時間と体力のバランスをはかることだというが、それは決して容易ではない。いくつものお手玉を夢中でまわし、「ひとつでも落としたらアウト」というような「ぎりぎりの毎日」の中で、「研究に没頭できないストレス」がたまっていく。

平日の睡眠時間は、四〜五時間しか取れない。昼休みに公園で寝るなど、わずかな機会を活用して睡眠不足を補い、さらに数十分単位の細切れの時間を使って勉強をする。大学院の授業では、自分の研究テーマについて発表したり、指定された文献を読んで内容を報告することが多いのだが、このような当番の直前には、発表や報告の準備のために睡眠時間はさらに削られる。疲労がたまっているので、風邪などの感染症にもかかりやすくなる。特に大学院に進学して最初の二カ月は、「とにかく苦しい」。大学院の授業に来るだけで達成感を覚えるほど、通学は心身ともに大変だという。

職場との関係は様々である。職場に内緒で通学している院生は決して稀ではない。そうかと思えば、進学と同時に職場が協力的になって、授業に間に合うようにその日の仕事を調整したり、残りの業務を引き受けてくれる場合もある。ある大学院生は、「大学院に来るようになって、職場の人に感謝するようになった」という。

家族との関係も多様である。フルタイムの仕事を持つある女性の大学院生は、「大学院に行きた

いと夫に言ったら、自分の生活が変わらないなら行ってもいい」と言われた。以来、仕事と学業の両立に加え、夫のための食事の作りおきが新たな日課になった。土・日曜日や祭日に授業や研究会が入ることも、家族との摩擦の要因になる。これについて、別の女性の大学院生は次のように述べた。「文句を言われても聞き流す。争っている時間がない。」男性の大学院生は、「疲れた」などと弱音を吐こうものなら、妻にすかさず、「じゃあ、大学院やめれば」と言われる。また多忙を極める様子を案じて、「いいかげんに休め」と、家族が「怒りだす」場合もある。

思わぬ家族からの応援もある。ふたりの子供を持つ女性の大学院生は、職場の事情が急に変わったために休学と復学を何回か繰り返さざるを得なかった。こうして留年を重ねている間に子供の高校受験と大学受験がせまってきたので、自身はもはや大学院を退学せざるを得ないと覚悟はしたのだが、それでもあきらめきれなかった。思いあまって家族に相談したところ、意外にも子供たちが大学院の継続を強くすすめてくれた。「お母さんが勉強のことで四苦八苦しているのが、なんだかいい感じだから」という理由だった。

微妙な応援の仕方をしてくれる家族もいる。別の女性の大学院生は次のように述べた。「家族はもうあきらめている。こうなったらとことんまでやれ、と言ってくれている。」

4．教員や他の大学院生との関係

社会人の大学院では、学生より教員のほうが年下の場合もあるのだが、「勉強しに来たんだから、年若の教員でもわりきって教えてもらう。」なまじ社会に出てモノを知っているだけに、自分のほうが教員の立場や疲れ具合などを気づかってしまうこともあるという。いっぽう教員の側は、社会人の大学院生から学ぶところが極めて大きいので、ほぼ例外なく充実感を持っている。こうして、社会人大学院生の教員との関係は、概ね良好である。

大学院生どうしの交流は、「とにかく楽しい」。夏休み等の休暇中も、メールを通じての情報交換を欠かさない。「利害関係がないし、年齢や職業が違うし、研究テーマもばらばらなので、ライバル的な関係になりにくいから安心」である。職場での定年を間近に控えたある大学院生は、次のように述べた。「仕事が長引いて九〇分しかない授業に四〇分遅刻することになっても、みんなに会いたいからとにかく大学に来る。」毎日は大変だが、「孤独じゃない」。

5．若い時の勉強とは違う

社会人になっての勉強は、「若い時の勉強とは違う」。
大学院に入ったら、「勉強が生活の中心になる。勉強にはまる。」「勉強をしていると、仕事の嫌なことも忘れる」し、「勉強がストレス解消になる。」また、仕事では「しがらみも多い」が、「研究は自由」であることが楽しい。こうして、多忙な日々に追われるだけではなく、「核」のようなものができる。これをある大学院生は、「やらされているのではなく、自分でやっているという充実感」と表現した。

極端な場合には、仕事と勉強の関係が逆転するようである。「授業で報告の当番がまわってきてその準備に没頭していたとき、仕事は完全に後回しになっていた。勉強が本業で、仕事にはアルバイトで行っているような感じだった。」

授業は、「聞けば聞くほど、面白い。」寝床に入っても授業の内容が頭の中をかけめぐり、興奮がおさまらずに寝付かれないこともある。

とはいえ、本章の前半に述べたように、大学院での勉学が万事スムーズに進むわけでは決してない。「仕事は予測や計画がたつし、ある程度自分でコントロールも効く。だけど、大学院はまったく未知の世界。先生から何を言われているのか、意味が全然わからないこともある。」それでも、社会人大学院生は「とにかく真剣」である。「先生から薦められたことは、何でもやってみる。アタマの上にお新香をのっければできるようになると言われれば、やる。」

6．苦しいけど、のりこえる意味がある

職場や家庭を離れて「大学院に居る自分は素の自分」なので、その自分の発言や書いたものに対して厳しい指摘を受ければ、ショックも深い。こうして「逃れようもない自分のあり様を見つめながら、与えられた時間の中で答えを出し、成果をあげなければならない。」それは「苦しいことだけど、のりこえたい。のりこえる意味がある。」

こうして社会人の大学院生は、一歩一歩、進んでいく。そうこうするうちに、仕事の場で自分の視点が変わってきたことに気づく。「勉強をしていると、一歩下がって物事がみえる。自分の中にタメのようなものができて、すぐに反応する代わりに、こういうことなのかな、それともこういう問題があるのかなと、考えられるようになった。」また別の大学院生は、職場で自分とは異なる意見を主張されても、その意図や背景を推察するような「内在的理解」の習慣が身についたという。

大学院の場でも、社会人だからこそ「見えるものがある」という手ごたえを感じ始める。社会福祉の現場職に従事する大学院生は、現場の同僚とは当たり前のように話題にしていた現場の課題が、先行研究ではほとんど考慮されていないことを発見した。それを授業中に指摘したところ、「重要な課題なので、修士論文のテーマとして取り組んではどうか」と教員から言われ、「ここ（現場の視点からの情報発信……著者注）が自分のよって立つ場」であることを「体感した」という。

「わからないことがこわくなる体験」も貴重である。社会人としてキャリアを重ねるほど、

わからないではすまされないことが多くなる。しかし研究は、「わからない」からすべてが始まる。わからない自分を責めるのではなく、それについて質問をしたり同僚と議論をすることによって、物事の理解は深まる。また、大学院での授業や講演会を通して、優れた学究者ほど初学者に対しても謙虚に向きあい、どのような質問にも誠実に応えてくれることを知る。こうして獲得した自己と他者への信頼は、大学院を卒業した後も大きな支えであり続ける。

7. おわりに

ひと昔前まで、大学院は、研究職を志す若者が進学する特殊な世界だった。この場合の大学院とは、手段である。研究者として身をたてるために、そして研究所や大学で職を得るために、大学院での学位を取得する。

いっぽう社会人の大学院では、勉学そのものが目的である。大学院での実績をきっかけに、キャリア・アップやキャリア・チェンジをする卒業生は意外に少ない。むしろ、仕事を通して自分の中で大きくなってきた疑問についてじっくり考えたいとか、職場で直面する課題を有効に解決できるようになりたいという動機で進学してくる場合が多い。このような社会人大学院生のエネルギーは、自分を変えたい、変わりたいという欲求に近いもののように思う。

真実への希求性もある。定年退職を目前に控えたある大学院生は、「自分が正しいと思ってやってきたことを虚心坦懐にふりかえり、総括したいという動機で進学した」と述べた。それまでの実績と自信が否定されるかもしれないリスクをおかしても、「本当はどうだったのか」と問い続ける真摯な姿勢からは、迫力さえ感じられた。

知は、自ら求めて獲得するものである。「仕事と家族と時間と体力」との格闘の中に、学びの本質がある。社会人の大学院は、そのような営みの場なのである。

Ⅲ　大学院における授業

西澤　晃彦

1.「授業」ではない授業

大学院における授業は多種多様である。私は他の教員の授業を聴講したことがないので（誰もそんなことはしない）よく分からないのだが、伝え聞くところによれば、その形態は多種多様ということであるらしい。あらかじめ本を決めて輪読したり、院生の研究報告が延々と続いたり、あるいは調査プロジェクトの作業に一年を費やしたり、まれに「授業」らしい授業をする教員がいたり。そういう風景にとまどう大学院生も多そうだ。

私の大学院生時代の授業は、相当にいい加減だった。ゼミ形式での輪読の授業が一つ二つ。それだけ。M2（修士課程2年）の時は、授業への参加を免除され（単位はもらえた）、修士論文を書くことに専念せよと言われた。秋口に一度呼び出され、修士論文の中間報告をした。修士論文への指導教授の「指導」はそのとき一度だけ。しかもアドバイスは一言だけ（だが、その一言は、今も忘れることができない言葉になっている）。決してその時点での完成度が高かった訳ではない。B4の紙一枚のレジュメしか用意できなかったのであるから。何とか博士課程に進んだが、授業は相変わらずだった。当時は、博士論文を書くことも求められていなかった。「博士課程単位取得退学」後、大学の教員になっていくのが、「理想の」コースだったのである。そんな風でも、その研究室は、先輩・同級生・後輩からそれなりの水準の研究者を輩出していった。

教授、助教授は、いつも調査プロジェクトを抱えており、院生がその戦力だった。院生たちは、調査報告書の中の一つの章を割り当てられ、無理やりにでも恥ずかしくないものを仕上げねばならなかった。報告書の一つの章は、うまくすれば論文に改造できる。そうこうするうち、それなりに業績がたまっていくという仕掛けである。いわば私たちは、職人の徒弟修業のような現場で鍛えられていたのである。そこにおける授業は、せいぜい報告の練習という意味しかもたなかった。せいぜいとは述べたが、もちろんその意味は重要である。報告書を書いて論文修業をし、授業で発表して学会報告の訓練をする、そういう具合であったと今では言える。どうでもいいことだが、学部時代の四年間を関西弁で切り抜けた私は、修士課程の二年間ですっかり標準語化してしまった。これは、教授、助教授、先輩の発表をきき、いつの間にかそれを真似て研究者風に話すようになっていたためだと思う。それくらいには授業にも効果があった。

2．授業に参加する

うってかわって今日の大学院。まず、大学院生全体の数が増えた。大学における教員ポストがそれほど増えた訳ではないにもかかわらず。その結果、大学院で修士論文を書き修士号を得て大学を離れることが、ごく普通のことになった。そうであるから、社会人院生がそこに参入するようになったとしても、受け入れる側はことさらに頓着しないようになった。むしろ、定員を埋めるためには、歓迎すべきこととされるようになった。驚くべきことに、かつての多くの院生は、修士課程後に大学を出て就職することなど入学時には想定していなかったのである。少なくとも私の周辺では。

博士課程（博士後期課程）に進んだ場合、博士論文の執筆が強く求められるようになったのも、今日では当然のことになっている。私のように博士号を持たない修士が博士論文の指導を行っているという珍妙な過渡的現象は、時間とともに消えていくことになるだろう。大部の博士論文を書くとなると、明確な一本の糸に貫かれた研究生活を意識する必要がある。博士論文に至る過程で発表される論文や報告は、やがては博士論文の一つの章を構成するものにならなければならない。私たちのように、教授の設けた研究プロジェクトの中で器用にテーマを定め、要領よく報告・論文をまとめて芸のあるところをみせるといったスタイルでは、博士論文を仕上げることは難しい。

では、そういう大学院における授業とはどのようなものであるべきか。まず、院生が多様化したからといって、教員が議論の水準を学部並みに下げることなど誰も期待してはいないだろう。では、授業において議論の水準が高いとはどういうことか。おそらく、それは、アクチュアルなトピックに対し誰もやったことがないようなアプローチをかけようとするものであったり、テキストに対し誰もそう読んだことがないような解読を試みようとするものであったり、あるいは淡々とした授業であってもそれを触媒として個々の院生の中に新しい認識が生まれるということであるだろう。大学院は、勉強の場ではない。定説を一つ一つ覚えていけば、修士、博士になれるわけではない。そうではなくて、定説へのチャレンジを倦まず続けていく、研究の場なのである。大学院生は、消費者ではなく生産者なのであり、研究の場における当事者なのだ。だから、大学院生には、参加への強い自覚が求められているといえる。

研究の場へと参加するとはどういうことか。ある一つの論文を皆で読むことになったとしよう。その論文に対して、何となく否定的な印象をもったとしよう(何であれ印象をもつのはいいことだ)。それを、「嫌い」だとか「こんなの何の役に立つの?」とか「この人には人権感覚がない」とか「こいつは権力の犬だ!」とか言ったところで、それは参加したことにはならない。それは飲み屋でやる類の話である。実は、修士一年のときに、ゼミ形式の授業で「嫌い」と口走ってしまい、指導教授に「西澤君、そういう発言は一〇年早いよ」と言われたことがある。一〇年どころか五〇年早かった。右に述べた類の批判は、外在的批判といわれるものだ。しかし、研究の場での批判は、内在的批判として行われなければならない。まず、論文の筆者が何を明らかにしようとしているのかを理解し(これが大事)、それを明らかにしていくための概念の構成・選択が妥当であるか、手続きに問題はないか、解釈が説得的であるかそれらを検討し、「内側から」批判することによって、議論に参加するのである。内在的批判と外在的批判のグレイ・ゾーンも存在する。そもそもの問題設定や選びとられた概念が、何を視野から外すことで成立しているのか、その結果、解釈が何を正当化することになっているのかなどの批判である。正確には、グレイ・ゾーンというよりも、洗練された外在的批判というべきだろうか。こうしたポスト・モダンな批判の方法への許容度は、近年では随分高まっていると思う(ちなみに私もこの流れに乗っかっているところがある)。だが、ともあれ、まずはできるだけ、内在的批判を試みよう。そのために必要な知識をどんどんと吸収しよう。そうすれば参加への途が開ける。しかし、学会においても大学院においても、「その研究にどのような意味があるのか」という掟破りの暴力的問いが時に発せられることがあることも、一応、頭には入れておきたい。

3. 練習の場としての授業

私の体験から、授業は学会報告の練習である、と前に述べた。それは今でも変わっていない。授業の中に発表が組み込まれるのは、大学院の常である。自らの研究についての発表であれ、輪読での担当分についての発表であれ、レジュメを作ってそれに沿って報告を行う。パワーポイントを利用して報告する人もいるかもしれない。重要なのは、あくまでも研究の場に参加しているということを自覚して、報告に臨むことである。明らかにしようとしていることが不明確だと、漫然と先行研究や事実を並べただけのものに終わる。何ごとかを明らかにする過程に聴衆はつき合うのであって、知識を付け足していくためにそこにいるのではないのだ。輪読についても同様で、テキストを要約・紹介しつつも著者を相対化してそこに何かを加えるような報告でなければならない。その場合も、批判的に読むという能動的な過程に聴衆はつき合うのであって、読んで済む話なら報告をきくのは時間の無駄である。こうした何かを生み出そうとする報告を練習することで、やがてあるだろう学会報告に備えることができるのだ。

　報告に続く討論はもっと重要である。学会報告の報告者は、討論での質問や反論を予測して回答を準備しておかなければ、本番で立ち往生ということになってしまう。そして、そうした予測が、報告そのものを鍛え上げる。授業での討論や質問は、報告者にとっては、予測力を高める機会になるし、また、思いがけない見落としの発見につながる。また、討論者にとっては、批判力を強化する効果があるし、報告者の報告を乗っ取って鮮やかに新しい見方を提示してみせる舞台になるかもしれない。学会報告でも、報告者よりも強い印象を残す発言者がいるものだ。私の院生時代には、報告に対して誰かが必ず入れてくれる、お約束の質問があったように思われる。その内容はあまり今風ではないので特に書かないが、それに答えることによって報告・論文で触れておくべきことがよく分かった。

4．教室はまちがうところだ

少し教室の敷居を高くするような話を書き過ぎただろうか。では、そうではない自説を述べておく。私は、社会学者はちょっと愚鈍である方がいいと思っている（社会科学系一般にまで拡げてそう言えるかは自信がない。多分違うのだろう）。頭がよすぎるのはよくないのだ。頭がよいことのデメリットは、すぐに分かってしまうことである。この分かるというやつが曲者で、優等生といえども所詮人なのであるから、定説や通念をなぞりがちになってしまう。そこに発見はない。物わかりが悪いからこそ、あれこれ一見どうでもいいことにまで視野を拡げて調べ上げてデータを蓄積し、発見を見出すための材料をいつのまにか揃えてしまうということが本当にままあるのだ。

ただし、物わかりの悪い人が、発見を発見として言葉にしていくためには助けが必要だ。大学院という場において、まだ形になっていない発見を討論にさらせば、ああだこうだと言われることだろう。自分ならこう書くとまで言いだす輩もいるだろう（私はそのようにしか言えない）。剽窃はまずいが、そこでの指摘を自分なりに咀嚼して吸収し、研究へと反映させることは、むしろ望ましいことである。大学院は頭の良さを競う場ではなく、発見をなすための訓練の場である。発見者が勝者なのだ。そして、そこでの最大の美徳は、「恥を知らない」ことである。そのような機会があることが、大学院生の最高の特権であるだろう。ある小学校の一年生の教室に貼り出されていた言葉を私たちもリピートしよう。「教室はまちがうところだ」。[1]

1　まきた・しんじの詩「教室はまちがうところだ」からの引用であると思われる。

Ⅳ　社会的事実とは何か

紀　葉子

1．はじめに

社会人が大学院で学ぶ上での大きな利点は同時に大きな弱点でもある。大学院の門戸を叩く多くの社会人は自らの社会生活の中で芽生えた研究テーマを明確に持っていることが少なくない。職場の中で抱き続けた疑問や自らが取り組んできた活動をさらに掘り下げてみたいと思うからこそ、今一度、学生に戻るのであり、なんとなく行き場がないので大学院に残ってみようかというような学部からの進学生とはその動機において大きく異なることはいうまでもない。なんとなくなってしまった院生よりも、職場の理解を得ながら時間を、家計を遣繰りして学費を捻出する社会人院生の方が熱心に自らの研究テーマに取り組む傾向は顕著であるが、この熱心さが「研究」と呼ぶには著しく客観性を欠いた独りよがりな方向へと向かわせる危険性も同時にはらんでいるのである。本章では、社会人学生ならではの科学的認識の困難さと同時に多様な社会的属性をもつ人々の集まりである社会人大学院ならではの利点について紹介してゆきたい。

　フランスの哲学者、ガストン・バシュラール（Bachelard, G.）は次のように語っている。「現実と直面したとき、明瞭に知っているとひとの思っていることが、ひとが知らねばならないことを覆い隠してしまうのである。科学的な勉学を始めるとき、人間の精神は決して若くはない。それはむしろ年老いている。なぜならかれの精神はその年齢相応の先入観を有しているからである」[1]。長寿のゆえに豊かな経験知を有するひとに対して日本の伝統社会は「長老」「古老」として敬意をはらってきた。ひとが経験から学ぶ生き物である以上、単純に「若さ」が「老い」に優るということはできないであろう。こうした経験知は確かに尊重されるべきである一方で、科学的認識の大きな遮蔽幕となることもまた否めない。ひとは充分に「知っている」と思い込んでいることに疑問を差し挟むことはなく、「自明のこと」として省みることを怠る。バシュラールのいう「老い」とはまさにこの怠りの「心性」である。自らの研究対象については、その豊かな現場経験の故に誰よりもよく知っているという思い込みが、科学的な認識の妨げとなる危険性を社会人院生は、まず、学ばなければならないのである。

1　G・バシュラール『科学的精神の形成』及川、小井戸訳、国文社、一九七五年、一九頁。

2．予先観念あるいは先入観とは何か

わたしたちは「先入観を持たない」ことを「善し」とする「先入観」を持っている。先入観は「偏見」につながるものでもあり、対象に向き合う際には真っ白な心であることが望ましいと一般的に考えられている。あらかじめ「善・悪」の基準に照らして「思い込み」をもつのではなく、純粋に対象と向き合うべきであるという「定説」だ。しかしながら、現実において、それは到底、叶うことはない。なぜなら、わたしたちの精神は充分に「年老いている」からだ。

誰しも生まれたばかりの赤子の心のままでは生きてゆくことはできない。母親の胎内より産まれ出て以降、わたしたちは五感を通して自らの生活世界を学んできた。見慣れないものをみて驚いて泣くのは、すでに、自らに近しい世界のものとそうでないものを区別することができる程に経験知が集積されていることを意味する。自らに近しいものと遠いものとに境界を設け、わたしたちを取り囲む世界の事象をカテゴリー別に分類することは、日常的に繰り返されることによって半ば無意識に行われるようになる。一つ一つの対象に始めて向き合うように対処していてはわたしたちは日常生活を円滑に進めることはできない。「この赤くて丸いものは『リンゴ』。でも、もしかしたら『リンゴ』ではないかもしれない。匂いをそっと嗅いでみる。甘酸っぱい香り。やっぱり『リンゴ』かもしれない。でも、甘酸っぱい香りは錯覚かもしれない。齧ってみよう。でも、毒が含まれていた

ら危険だ。この赤くて丸いものが『リンゴ』かどうかどのようにして確証を得れば良いのだろうか」などと思いをめぐらしながら、一つ一つの対象と向き合っていたら（それはそれで愉快な時間であるかもしれないのだが）他者とのスムーズなコミュニケーションですらおぼつかなくなることだろう。だから、わたしたちは大雑把な枠組みで対象を捉えることを経験的に学んでゆく。この大雑把な枠組みのことをプラトンは「ドクサ（doxa）」[2]と呼んでいる。

日常の営為を繰り返す中でわたしたちの心の中に刻印されてゆく「ドクサ」はわたしたちを老成させる。まさにその年齢相応に、であるが、一五年も生きれば「ドクサ」によってしっかり老成してしまうことだろう。だからこそ、「科学的な勉学を始めるとき」に「若い」ものなど存在しないのである。殊に「情報社会」といわれる今日の日本社会においては、マスメディアやインターネットなどを通して直接に経験したことのない事柄についても知る機会は豊富にあり、情報の洪水の中で耳年増になる速度はいや増すばかりである。このように老成してゆくこと、日常知を高めてゆくことそれ自体を一概に「悪い」ことであるとはいえない。むしろ、「長老」が智者であるように、経験知を増やしてゆくことは社会生活を営む上での生きる力を高めることでさえあるだろう。しかしながら、図式的で大雑把な対象の把握は、日常生活を送る上では、ある意味、「便利」であった

2　憶説や俗説などとも訳されることがあるギリシア語。真の実在を「イデア（idea）」と呼んだプラトンは理性の働きによってイデアからもたらされる知識を「エピステーメー（epistēmē）」とするのに対して感覚的に把握される本質を欠いた主観的信念を「ドクサ」とした。

としても、科学的認識の上では大きな障壁となる。「予先観念」すなわち「ドクサ」は「われわれの内部にありながら、それにとどまらず、くりかえし行われる経験の所産であることからして、反復およびそれに由来する習慣のおかげで、一種の支配力と権威を獲得」[3]しているため、それから解放されるのは容易ではない。老いた精神を若返らせ「科学的探求」へと歩を進めることはいかにして可能なのだろうか。

3．歴史的特殊性へのまなざし

そのためには、「ドクサ」とは何であるか、そして、自らの「ドクサ」とはどのようなものかを認識することが肝要なのである。たとえば、昨今の「若者」の勤労意欲について考えてみよう。豊かな社会に生まれたためハングリー精神に欠け仕事の選り好みをしてなかなか定職に就こうとしないといった現代日本社会の「若者」像はあちらこちらでみかけることができる。特に、厳しい時代を生き抜いた戦後世代、団塊の世代からみるならば、覇気のない「若者」に憤りさえ覚え、定職になかなか就こうとしない姿が甘えとしか思えないのも無理からぬことである。だが、「近頃の若いものは……」というのはいつの時代でも年長者が用いるクリシェ（cliché）[4]であり、先の世代を生

3　デュルケム、宮島喬訳『社会学的方法の基準』岩波書店、一九七八年。
4　常套句、あるいは決まり文句。

きてきたものが自らの人生経験に照らして後の世代の情けなさをあげつらうのは珍しいことではない。むしろいつの時代にもみられる普遍的な傾向であると同時に、先の世代が「若者」の実像に迫るための障壁となっているものである。こうした障壁でしかない「若者」に対する「ドクサ」、「予先観念」を取り払うにはどうすればよいのだろうか。

かつては「若者」と呼ばれた時代もあったのだから「若者」についてはもちろん「知っている」と思い込み、そして「知っている」とされる自らが経験してきた「若者」像を自明のものとして今日の「若者」にもあてはめてしまうならば、今日の「若者」の影さえ踏むことはできないだろう。「知っている」という単純な思い込みを捨てるためには、たとえば、今日の若者に固有な時代的背景を分析的にみてゆくことが有効である。悲惨な世界大戦を経て焦土と化した日本の復興は、公害のような残酷な爪痕を刻みながらも、着実な経済成長によって今日の「豊かな社会」に結実した。戦後の経済成長期を生きた「若者」たちの明日は文字通り明るく、もちろん例外もあるだろうが、右肩上がりの経済成長に連れて自らの生活水準も向上していった。それに対し、今の「若者」と呼ばれる世代はそもそも「経済成長」を経験したことがない。様々な問題はあるにせよ年経るにつれ生活水準が向上するという実感を持ったことがないのである。九一年から始まる長期停滞期の「若者」の「苦悩」はかつてのような成長期の「若者」のそれとは本質的に異なるだろう。停滞期には成長期のように明日を信じることはできないし、グローバルな経済システムの変動の中で安定的な雇用が揺らぐ中チャレンジングスピリットは無謀な冒険になりかねない。長期停滞をサヴァイヴするしかない「若者」と成長期をまさに自らの成長期として生きたひとびとの人生経験の中にある「若者」は全く異なる姿をしているだろう。自らが知っていると思い込んでいる「対象」が、実は、自らの経験知の及ばぬものであることを理解するための手段のひとつとして、このように歴史的な特殊性に照らして対象を見直してみることがある。今日の「若者」のふがいなさを嘆く前に、今日の「若者」に固有な歴史的背景をみてゆくことを通して「ドクサ」から解放される光が射してくるのである。

4.「もののように（comme des choses）」みる

そもそも社会学という学問は、他の社会科学に比して科学的に研究を進めるための基盤がもろいと考えられてきた。対象とすべき社会現象には常にある種の主観的判断がつきまとい、客観的な分析を装いながらも「ドクサ」を補強するものになりがちだからである。今日の「若者」の定職に就く意欲に乏しいと思われるような言動を収集し、それを整理・分類してみせれば社会学らしい「仕事」ができあがる。[5] 実際、巷にはそのような社会学もどきがあふれており、誰しもが社会についてはなにがしかの意見をもっているものだから、社会について語れば誰しもが社会学者を容易に気取ることができる。

5　ピエール・ブルデュー（Bourdieu, P）はこうした社会学を「自生社会学（sociologie spontanée）」と称し、科学的認識に基づく社会学と区別した。

「社会学（sociologie）」をはじめて提唱したのはフランスの実証主義哲学者のオーギュスト・コント（Comte,A）であるが、彼は抽象性の高い数学に比して具象性の高い社会学を高次の学問と位置づけた。数学者でもあったコントはフランス革命直後の動乱期に人類の「秩序と進歩（Ordem e Progresso）」[6]に貢献しうる実証科学として社会学を構想したが、彼自身がその科学的方法論を詳述することはなかった。

コントに次いで一九世紀末から二〇世紀初頭にかけて活躍した社会学者たちは社会学の科学的な方法論の確立に努めなければならなかった。『プロスタンティズムの倫理と資本主義の精神』で日本の研究者にも多大な影響を及ぼしたマックス・ヴェーバー（Weber, M.）は、客観的な事実を探求しようと努めても自らの主観的価値判断を免れることの困難さを自覚し、自らが根拠とする価値判断を理解した上でそれにとらわれないような認識として「価値自由（Wertfreiheit）」を提唱した。また、ヴェーバーと同時代にコントと同じフランスに生を受けたエミール・デュルケム（Durkheim, E.）は「社会現象はものであり、もののように取り扱われなければならない」と主張した。

社会現象のように手に取ってみることができないものを「もの」のように取り扱えというのは奇異に思われる表現である。現象と物体は本質的に異なるものだから到底無理なこととしか思えないが、デュルケムは社会現象を物質としての「もの」であると主張しているのではない。社会現象を「ものの」ように（comme des choses）」扱えと言っているのである。「じっさい、ものとは、観察に与えら

6　ブラジルの国旗に書き込まれ現代社会に命脈を保つコントの標語である。

れるものすべて、観察に供される、というよりはむしろ観察に強制されるすべてである。現象をもののように取り扱うこと、それは、科学の出発点をなす与件としてそれらを取り扱うことに他ならない」。[7] そして、もののように観察されるべきものこそ「社会的事実（le fait social）」であるとした。

わたしたちは原則的に試験管のなかの指示薬の変化に価値判断を含ませることはない。ヨウ素液が青紫色に変わるのはデンプンが検出されたことのサインでしかなく、その青紫が美しいかどうかは観察の対象ではない。しかしながら、社会現象を同様に観察することは極めて困難である。たとえば、駅のホームから転落したひとを線路に下りて救うという行為に対して、無意識に働く「予先観念」によってその行為そのものを「もの」のように観察する前に、「無謀だ」とか「勇敢だ」とか「非常停止ボタンを押すのが先だ」とか「崇高な自己犠牲的態度だ」とか、観察者の経験に裏打ちされた価値判断を含み込ませて「評価」してしまいがちである。ましてや、社会学的に考察するためにある社会現象を「対象」として選定するということは、その「対象」に対してある種の思い入れがあるケースが少なくない。殊に、社会人として、職場のなかであるいは日常生活を通して抱き続けてきた問題関心は、主観的な動機づけに根ざすものが少なくない。待機児童を減らしたい、在宅で静かに死を迎えたい、中高年の就業支援を充実させたい、高等教育の無償化を実現させたい、といった強い思い入れは「社会的事実」をもののように観察することの大きな妨げとなりがちなのである。

7　デュルケム、前掲書。なお、原文では chose は「物」と漢字で訳されているが、引用者は「もの」と平仮名で表記することとした。

日本政府は一九七九年に国際人権規約「経済的、社会的及び文化的権利に関する国際規約」を批准しておきながら高等教育の漸進的無償化を定めた第一三条二項を保留しているのは「問題」であると考えること自体は、もちろん、「問題」ではない。だが、高等教育無償化条項の保留状態撤回を「善」とし、いきおい早期実現のための施策をあれこれと検討することは科学的な社会学であるとはいえない。高等教育の無償化は確かに「理想」的ではあるが、果たしてすべての日本国民が享受できる環境にあるのか。また、無償化すべきとされている高等教育とはどのようなもので、高等教育の果たすべき役割とはどのようなものと歴史的にみなされてきたのだろうか、等々。自らが設定した「対象」の果たされるべき「現実」を検討する前に、「対象」をめぐる制度の歴史や自らとは異なる見解の「正統性」について、丹念に検討してゆくことが必要なのである。目的が手段を正統化することはない。いかに実践的な課題であるにせよ、まず結論ありきで理論構築を図るような研究であるならば、わざわざ社会人大学院の門をくぐる必要もない。ブログでも開設して吠えていればいいのである。

5. 対話の重要性

社会学的に「対象」とすべき「社会的事実」は、あるがままに自らの経験によって把握され得るものなのではなく、むしろ逆に自らの社会経験によって作り上げられた「予先観念」を系統的に退けてゆくことによって獲得できるものなのである。そのためには、対象を「もののように」観察するように心がけ、歴史の特殊性に照らして「対象」を捉え直すといった作業が不可欠である。それでは、強い思い入れを調停するような「方法」としてどのようなものが考えられるのだろうか。デュルケムは「一般人の精神を支配しているあの見せかけだけの明証性から解放され、永年の習い性にもとづいてしばしば抗しがたい力をふるうに至っているそれら経験的カテゴリーの桎梏を、きっぱりと振り切らなければならない」[8]というが、思い入れが永年の習い性にもとづくものであるがゆえにこそ、なかなか振り切ることは難しい。日常生活のなかで無意識に沈殿してゆく「予先観念」を自らだけの努力で払拭するどころか、自らの「予先観念」がどのような姿をしているのかを明らかに自覚することすら、完全ならざる人においては容易ならざることである。

人は望むと望まざるとにかかわらず、ある社会に生まれ落ち固有の社会のなかで成長する。この社会的拘束性から完全に自由になって「純粋」な意識を持つことは身体的存在であるわたしたちには不可能なことである。たとえば、同じ日本女性であるといっても、寒村に生を受け、アルコール依存症の父親に手を焼きながら短期大学を卒業してホームヘルパーとして働きながらケアマネージャーの資格試験に備えて勉強をしているAさんと、東京生まれの東京育ちで、共働きの両親に進学校に通わされるも大学受験に失敗し不本意な進学を余儀なくされたBさんが、全く同じような「教育観」や「家族観」を持っていることはないだろう。また、不本意入学でコンパに明け暮れている

8　デュルケム、前掲書。

後者にとってのアルコールは愉快な仲間であるのに対し、前者にとっては憎い敵以外の何者でもないかもしれず、アルコールの規制強化はAさんにとっては朗報であっても、Bさんにとっては承服しかねるものとなるだろう。日本人は何にでも醤油をかけるなどという「予先観念」が出回っているが、おいしいと思う醤油の辛さは生まれ育った地域によって微妙に違う。東北地方のしょっぱい醤油と九州地方の甘い醤油の微妙な差異は主体の生活空間に規定され、時を経るうちに無意識に身体に沈殿化して「好み」となる。関西のあっさりとした薄口醤油の風味を「醤油」として認識しているひとが九州地方のとろりとした甘口の醤油を口にするならば、それを醤油ではないと感じるかもしれない。それは同時に、自らが生まれ育った環境の中で自明のものとしていた経験知が揺り動かされる瞬間でもある。

　わたしたちは、とりわけ同質性が高いと言われる日本社会においては、自らとは異なる見解をもつ人々の存在に鈍感であることが少なくない。似た者同士で集まり、曖昧な合意をコミュニケーションの基本としていては、自らと異なる見解に出会うことによって自らの「予先観念」を自覚する機会は乏しいというしかない。自らの「予先観念」の自明性にひびが入るのは、異なる認識に触れ自らの「予先観念」に疑問のまなざしを向けるときに他ならない。異質な他者との対話こそが自らが無意識に抱いている「予先観念」に向き合わせる契機なのである。しかしながら、対立を未然に防ごうとし、「批判」と「非難」の区別がつきにくい日本社会において「対話」を議論に発展させる機会は豊かではない。大学という学びの場においてはゼミナールという形式を設けて議論をすることを促すが、日本の大学は同じような学力の同じ世代の学生の集まりであるために、明確な差異があらわれにくい。さらにイマドキの「若者」は差異ゆえに悪目立ちをして集団から浮いてしまうことを極端に嫌う傾向を有しているので、他者への異見を呑み込んでしまいがちで、なかなか意味のある「対話」が成り立たないという現実がある。しかしながら、社会人大学院のより老成した社会人院生にはそのような遠慮は稀である。

学びたいという一念で大学院にやってくる世代も地域も学術的背景も明確に異なる社会人院生のゼミナールほど活況を帯びるものはない。報告者が無意識に呈示する「自明性」は率直な質問によってしばしば顕在化する。自分自身の思い込みが見えなくさせていた「現実」への気づきの場であると同時に自分ひとりでは解釈できなかった社会現象への接近の道しるべともなりうる。いかに洞察力に優れた研究者であるとしてもその社会的拘束性から自由になることはできないので、なにもかもを見透すことができるというのは、まさに、研究者の奢り以外のなにものでもない。晩年のピエール・ブルデュー（Bourdieu, P.）は異なる社会的属性をもった研究者たちと共同で『世界の悲惨（*La Misère du Monde*）』[9]をまとめあげた。『世界の悲惨』は新自由主義的な政策が次々と実現されるなかで普通に暮らすフランスの人々が抱える日常的な「苦悩」をインタビュー調査を通して明らかにした画期的著作である。この作業を進める上で、たとえば、素朴な移民排斥の心情をにじませる寒村

9　一九九三年にフランスで出版されるや大部の著作であるにもかかわらずベストセラーとなった。その後、英語、ドイツ語、イタリア語、ポルトガル語と翻訳されているが未だに日本版が出ていないのは実に遺憾なことである。

の農民の言葉を「理解する」ためには、都市生活者や移民の出自をもつものとの協働が不可欠であったとブルデューは語る。[10]「社会的事実」に迫るためにはたったひとりの社会学者はあまりに無力である。身体的存在である以上誰しもが免れ得ない社会的な拘束力を乗り越えるためには自らと異なる社会的属性を有している者のまなざしをあわせ、複眼的に対象に迫ってゆくことが望ましいだろう。ブルデューはこうした「研究者の集まり（cité savante）」に社会学の可能性を見いだしていたが、あまりに同質性の高い日本の大学においては社会人大学院以上に理想的な「研究者の集まり」はないとしても過言ではないであろう。

6．むすびにかえて

多様なバックグラウンドをもつ社会人院生が自由に議論する空間としての「研究者の集まり」は新しい知見をもたらす恵みの泉になるはずである。素朴な疑問をぶつけ合うことを通して自らが抱いていた「予先観念」を崩してゆくことは互いに大きな力になる。が、時としては決して美しくはない自らの「予先観念」に気づくことは痛みを伴うことであるやも知れない。研究をする上で最も大切な「若さ」とは、この痛みに耐えることができることであろう。傷つくことを畏れて自分の異

10　詳細は、拙著「グローバリズムへの挑戦―今、知識人に求められること―ブルデューの実践から」『日仏社会学叢書』第3巻、恒星社厚生閣、二〇〇五年を参照されたい。

見を呑み込み、ゼミ生の顔色をうかがいながら曖昧に同意し、決して「質問」なんてしようとしないという「性向（disposition）」こそ「老い」の最たるものである。「社会的事実」とは自らの「予先観念」と向き合う痛みとともに勝ち取られるものである。こうした痛みに耐え得るしなやかな精神と生物学的な年齢との間には相関関係はないだろう。あるいはむしろ、社会経験によって痛みに耐え得る力は磨かれるものであるのかもしれない。研究することの痛みに怯えることなく「研究者の集まり」に参加することを希望する人にこそ、社会人大学院の門戸は開かれているのである。

第2部　いかに研究するか

I　論文の基本構造

須田　木綿子

1. はじめに

本章の目的は、論文の基本構造を理解することである。論文の構造がわかっていれば、論文の内容を的確に、かつ短時間に理解することができるようになる。また、自分自身が論文を作成するときにも、何をどう書くべきかについての地図を描きやすくなる。逆に、論文の構造をまったく知らずに先行研究を読んだり論文を書こうとしても、その努力は非常に効率の悪いものになる。

論文の基本構造を「知って」いるだけでは、「理解」したことにならない。実際に論文を書いたり読んだりする時に、論文の基本構造について「知って」いることを生かしてはじめて「理解」したことになる。論文のルールに従って読み、考え、書く技術を身につけることが重要である。たとえば私たちは、野球でホームランを打つにはどうすれば良いかについて、一応の知識をもっている。バットの芯でボールをミートして、しかるべき角度でボールを前に押し出す。このとき、腰の回転も重要である。しかしこんなことを「知って」いても、ホームランが打てるわけではない。「知って」いることと実際に「できる」ことの間には、雲泥の差がある。そして「できる」ようにならなければ、論文をよむことはおろか、書くことは決してできない。

研究活動において、書くことはとりわけ大きな意味を持つ。研究活動と書くことは、表裏一体の関係にあるといっても良いだろう。これを、"publish or perish"（publish＝論文を発表する、perish＝滅びる）という。論文を書き続けるか、研究者生命を終えるか。研究者にとって選択肢は二つに一つしかないという意味である。論文とは、たとえ個人で発表するものであっても、先人や同時代の研究者の成果のうえに成り立つ共同作業である。論文の執筆・公表は、その共同作業の根幹である。そして「研究者」であることの証明は、職業上の肩書きではなく、論文を通して知的な共同作業に貢献することによって得られる。研究に従事するものは、研究所に勤務する場合などを除いて、別の職業を持っている。一番多いのは大学の教員だが、医師や看護師、社会福祉領域の専門家が、臨床や現場活動の実践を通じて研究を行っている場合も少なくない。そして論文執筆を止めても、教員や現場の専門職者であり続けることはできるが、研究者として認知されることは難しくなる。研究者は、"publish or perish"なのである。一見すると峻厳なこの掟はしかし、学問の自由性をも示している。

職業の如何にかかわらず、論文を発表し続ける限り、研究者であり続けることはできるのである。[1]

2．論文の基本構造

筆者は実証研究を主たる方法にしており、しかも、公衆衛生や保健学等の理系的なトレーニングを受けたので、最初に学んだ論文の形式はシンプルで固定されたものだった。それを**図1**に示す。後にわかったのは、この基本構造は、どの領域の論文にもあてはまるということである。実証的な研究手法には依らない、いわゆる理論的あるいは論説的な論文であっても、ここで示した基本構造をふまえている。

同時に近年では、いわゆるポストモダンの潮流の中で、従来の学術論文のスタイルとは全く異なる様式も受け入れられつつある。従来的なスタイルの難点を乗り越えるために新しい方法を開拓す

1　ここでの「論文」は、著書などを含む「学術的な著作物」と言い換えても良いのかもしれない。論文とは厳密には、複数のレフリーによる審査を経て学術雑誌に掲載される投稿論文を意味する。近年の国際化の流れの中では、とりわけこの種の投稿論文の重要性が増しつつある。学術雑誌に掲載されていても、依頼に応じて執筆したものは審査を経ないので、扱いが異なる。著書（編著などで分担執筆をした場合を含む）の学術的評価は分かれる。審査のシステムが無いか、たとえあったとしても、投稿論文ほどの厳密な審査ではないからである。極めて大雑把にいえば、人文系では著書は評価され、その傾向は我が国でとりわけ顕著である。理科系では、著書を書く暇があったら論文を書くことを、多くの研究者が選択するだろう。

1．はじめに
・先行研究の検討
・目　的
2．方　法
3．結　果
4．考　察
5．結　論

図1　論文の基本構造

る過程として、既存のスタイルを崩していくのは意義ある知的冒険である。しかしその取り組みは、従来的なスタイルに対する批判的な検討の上に成り立っているはずである。批判的検討の前提として、図1に示したような基本構造についての理解が必要であり、そのような従来的なスタイルと比較しての新しい取り組みの長短が自覚されなければならない。したがって、知のありようが変わりつつある動向の中でも、従来型の論文の基本構造の重要性は変わらないと筆者は考えている。

以下では、論文を構成する各パーツについて、まずは論文を読む場合を想定して解説する。そしてそれをふまえて、今度は論文を書くという作業を、基本構造の視点から整理する。

3．論文を読む場合

「目的」

まずは、自分が目の前にしている論文の目的は何なのかを把握する必要がある。論文の目的は多くの場合、「はじめに」の節の終盤に記され、「そこで本研究は……を目的に……」といった書き出しが使われている。

論文の目的には大きく分けて、探索型と仮説検証型の二種類がある。探索型とは、研究対象や事象の実態を探ることを目的とするアプローチである。たとえば、「高齢者を看取り終えた嫁が、看取り後の生活をどのように再建していくのかを明らかにする」とか、「介護保険制度下で、高齢者への支援のあり方はどのように変容したのかを明らかにする」といったものである。いっぽう仮説検証型とは、研究対象や事象は○○という事象や変数と関わりがあると予め想定し、その仮説の妥当性を検証するアプローチである。この場合の目的は、「高齢者を看取り終えた嫁の看取り後の生活再建のプロセスは、介護体験が嫁にとって肯定的なものであったか否定的なものであったかによって異なるのではないかと考え、これについて検証することを目的とする」とか、「介護保険制度によって高齢者への支援のあり方も変化したことが指摘されているが、その背景には、市場原理の導入によって、営利・非営利の区別なく経営を重視しつつある事情が関係していると考え、この仮説を検証することを目的とする」といった表現になるであろう。

自分が読もうとしている論文の「目的」は簡潔明瞭に書かれているだろうか。また、どちらのタイプの「目的」が設定されているのだろうか。これが第一のチェックポイントである。

「結論」

第二のチェックポイントは結論である。結論は、「結論」というセクションを設けて明示されている場合と、「考察」の後半部分や「まとめ」として書かれている場合がある。

「結果」も「考察」も読まずに「結論」に飛んでしまうことに驚かれる向きも少なくないだろうが、これにはトリックがある。それは、論文の「目的」と「結論」は対応していなければならないということである。「目的」とは関係のないような結論が導かれている場合や、両者の関係が明確ではない場合は、その論文の精度に「？」がつく。

筆者が論文指導の折に使うたとえ話がある。列車の乗客は、行き先の表示を頼りにする。その列車が表示とは異なる場所に行ったら、乗客は契約違反だと怒り出すだろう。大阪行きの列車に乗って、それが青森に行ったら大問題である。論文の「目的」は、これから乗る列車の行き先に相当する。必ず約束の行き先に辿り着かなければならない。そして論文の行き先とはつまり、「結論」なのである。もし「目的」で宣言されている行き先と「結論」で示された到着点が対応していない場合、その論文は読み手に対する契約違反を犯している。

先述の探索型の目的としてあげた例に沿って考えると、「高齢者を看取り終えた嫁が、看取り後の生活をどのように再建していくのかを明らかにする」という目的の場合、その論文の結論は、「高齢者を看取り終えた嫁が、看取り後の生活をどのように再建していくのかについて検討した結果、以下のことが明らかになった。すなわち……」となるだろう。「すなわち」以下の「……」の部分は、結果の要約になっているはずである。

仮説検証型の目的の場合には、書き手が設定した仮説が支持されたかどうかが結論部のポイントになる。表現としては、「……以上の検討の結果、本論文の仮説は支持された。すなわち、介護保険制度によって高齢者への支援のあり方が変化した背景には、市場原理の導入によって営利・非営利の区別なく経営を重視しつつあるという事情が関係していることが明らかになった」等の記述がなされているはずである。逆に仮説とは異なる結果が得られた場合には、「本論文の限りでは、高齢者を看取り終えた嫁の看取り後の生活再建のプロセスには様々な課題が存在するが、課題の深刻さと介護体験が嫁にとって肯定的なものであったか否定的なものであったかとは関わりがなかった」とか、「本論文の仮説は棄却された」等の表文が結論部にあるはずである。

「方法」

目的と結論をチェックしたあと、次にどこから読むかは人によって異なるようである。筆者の場合は、「方法」をチェックする。

「方法」では、論文の目的を達成するために想定し得る方法の中で最善の選択がなされているかどうかがポイントになる。研究の方法は様々で、理論的検討や二次データ（過去に自分以外の研究者や組織が実施した調査データを使った検討）、自分自身でアンケート調査やインタビュー調査を行う等の方法がある。以上の中から複数の方法を組み合わせる場合もある。

どの方法が妥当かは、その論文の目的との関わりにおいて判断される。たとえば、日本人の身長は男性と女性でどちらが高いかを明らかにするという目的の場合は、代表性を担保したサンプリング法を用いて、何千人単位の全国の男性・女性の身長を調べて平均値を比較する方法が適切である。いっぽう、たとえば人生にとってのお金の意味が男性と女性とでどう違うかを明らかにしたいという目的で、かつ、これについての先行研究がほとんど存在しない場合には、少数の対象者にインタビューを実施して、得られたデータを質的に分析する方が馴染みが良いように思われる。とはいえ、方法の選択についての正解というものは存在せず、目的と方法の意外な組み合わせによって創造性あふれる論文が書かれる場合もある。それだけに、論文の「方法」には、書き手の工夫やこだわりが表れやすい部分ともいえよう。

さて、今、自分が読んでいる論文は、先にチェックした「目的」と照らし合わせて適切な方法が選択されているであろうか。書き手は、その方法を選び取るにあたって、どれだけ丁寧に目的との整合性に目配りをしているだろうか。これが第三のチェックポイントである。

「結果」

ここまでチェックをしておけば、既に「結果」に何が書かれているかについて、おおまかな予想はついているはずである。先の「結論」で「……」の部分に要約されていた内容の根拠が、詳細に記述されているはずである。結果の記述に用いられるべき材料も、「方法」に明記されていたはずである。調査を実施した場合には調査から得られたデータであり、論著の場合には、先行研究や既存の議論が素材となっているはずである。

論文の「結果」には、「目的」で宣言した内容に関わることだけが簡潔に書かれていなければならない。先ほどの列車の例で、東京から大阪に行くというのに、東京から太平洋沿いに北上して仙台から青森をまわり、日本海側を南下して新潟に寄り、富山を経由してようやく名古屋に入って大阪に着いたというと、「契約違反」とは言わないまでも余程の遠回りということで、東京から乗ったお客さんから多大のブーイングがあがることは想像に難くない。「結果」で、わかったことすべてが書いてあるような論文は、このような遠回りに等しいものである。「目的」を宣言した以上、その「目的」に向かって最短距離で「結論」に到着していてほしいものである。それが、スマートな論文ということになる。それ以外の事柄が記述されている場合は、どうしてそれが必要であるのかが目的との関わりにおいて明示されているはずである。「結果」のセクションで、わかったことすべてが書き連ねてあるような論文は、やはりその精度に「？」がつく。第四のチェックポイントである。

とはいえ、このような基準は理系的な「従来型」であって、論文冒頭に目的を明示せず、インタビューや参与観察の内容に応じて漂うように探索を深めていくアプローチもある。現状の限りでは、どの方法が他よりも優れているということは無さそうである。自分の関心に最適な方法が自分にとってのベストであり、しかし他の研究者にそれが必ずしも当てはまるものではないと考えるのが妥当であろう。ただし、先ほどの議論の繰り返しになるが、「従来型」の書き方を知った上で、あえて「漂う」ような書き方をするところに意味があると筆者は考えている。

「考察」

「考察」は、「結果」のセクションで書かれた内容のうち、既存の議論と一致していたり重なっている部分はどこなのか、そして、一致していない部分や自分の論文独自の知見はどこにあるのかを、先行研究を引用しつつ整理するところである。

どのような先行研究が引用されているかも重要である。時代遅れの議論や研究をもとに考察が展開されていたら、その論文の信頼度に「？」をつけるべきである。また、決して無視してはいけない論文や著作というものが、それぞれの研究領域に存在する。そのようなカギとなる出版物が引用されていることが重要である。それ以外の引用も、「きちんと」したものであることが大切である。この場合の「きちんと」とは、まさにこの章で述べているようなチェックに耐え、一定のクオリティを備えた出版物ということである。

論文の意義と限界が示されているかどうかも、「考察」の重要なチェックポイントである。研究において完璧な方法というものは存在せず、それぞれのアプローチに長所と短所がある。選んだ方法の長所を最大限に生かしつつ、それによって得られた成果を客観的に評価し、かつ、その方法では及ばなかった部分が明記されている論文は素晴らしい。

「考察」は、思いついたことや関連することすべてを披露する場所ではない。「考察」の段階で新しい資料やデータを示すことも、後だしジャンケンに等しい行為である。結果で示されている内容に限定しながらも、広がりや深さを失わずに力強い議論が展開されていることが望ましい。

「はじめに」

「はじめに」を読めば書き手の力量がわかると言う。すでに論文の他の部分はチェック済みなので、どのような「はじめに」が書かれているのかはある程度の予測もついているが、それが当たっているかどうかも興味深いところである。

「はじめに」は、従来の研究の流れを整理し、その論文が扱う課題の重要性や必然性を説得力をもって示すセクションである。自分であれば何十ページを費やしてもまとめきれないだろうと思われるような議論を必要最小限の言葉と鋭い切り口でまとめ、当該論文の課題を簡潔明瞭に言いきっているような「はじめに」には、芳香さえ漂う感じがする。

「引用文献」

こうしてひとつの論文を読み終えて、「引用文献」のリストを改めて眺めてみる。ここは、書き手の視点や論文の背景がうかがわれるもうひとつの場所である。素晴らしい論文に出合ったとき、「この著者は、いったいどんな勉強をしてこのような成果を収めることができたのだろう」と興味

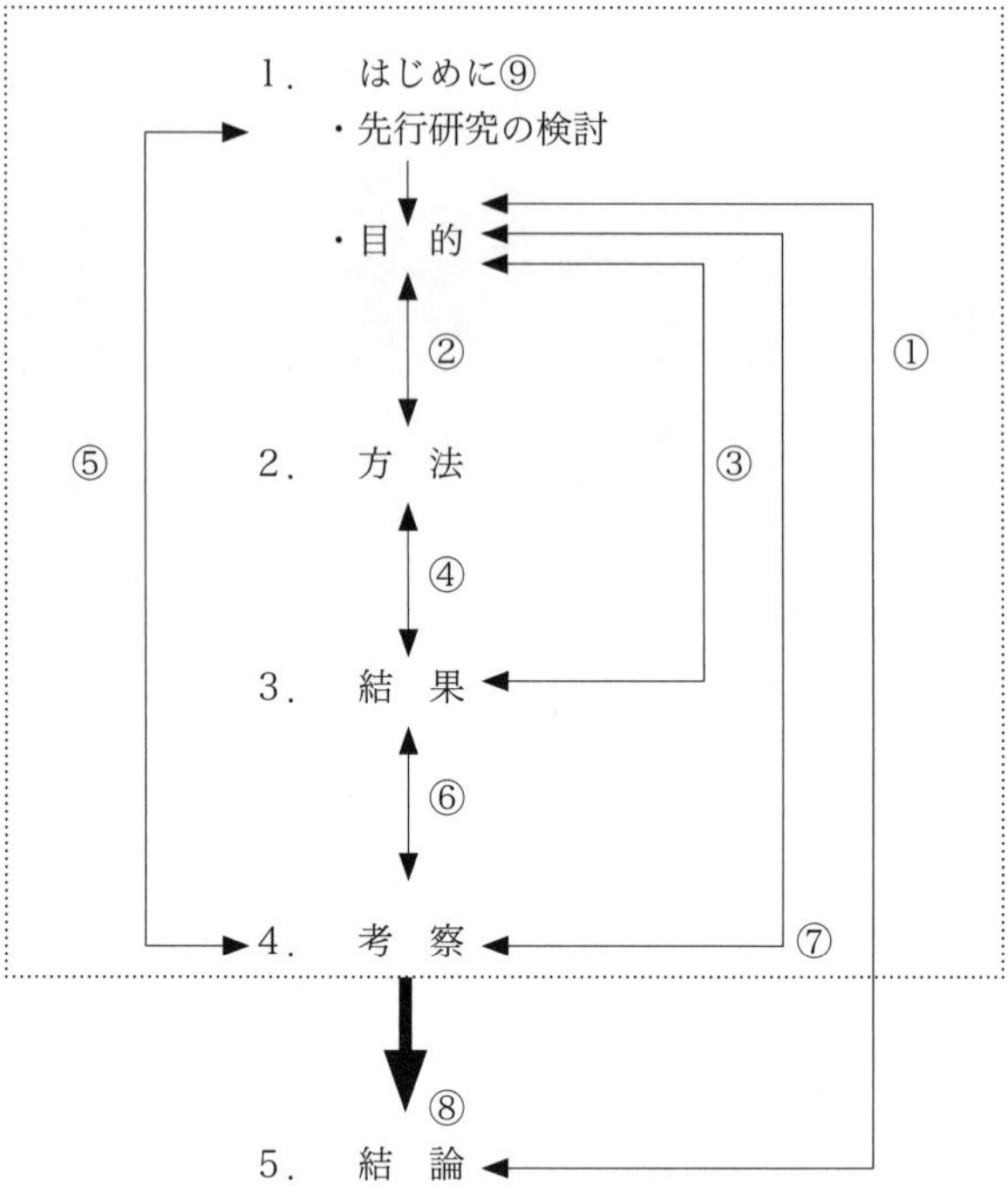

図２　論文のパーツ相互の関係

が湧く。そしてその一端が、引用されている文献のリストから推察できる。
引用されている文献の量も大切である。引用を怠っていたり、引用する論文や著書の数が極端に少ないものは論外である。だからといって、引用の数が多ければ良いというものでもない。過不足なく、バランス良く、必要な引用がなされているところに美しさが生まれる。多すぎる引用は、書き手の側に整理がついていないことの表れといえよう。

論文のパーツ相互の関係

これまでに解説した論文の各パーツ相互の関係を確認するために、**図2**を参照しながらチェックポイントをふりかえる。

①目的と結論は対応しているか？
②目的にかなった方法が選択されているか？
③目的として設定された課題を明らかにするために必要な結果が過不足なく報告されているか？
④方法で明示した資料を適切に用いて結果の表記がなされているか？
⑤考察は、当該論文で得られた知見を先行研究との関わりにおいて評価し、意義と限界が明確に記載されているか？
⑥結果で示された内容の範囲で、豊かな議論が展開されているか？

⑦目的がどの程度達成されたのか、残された課題は何であるかが整理されているか？
⑧以上をふまえて、論文全体の結論がスムーズに導かれているか？
⑨「はじめに」をふりかえってみて、書き手はどのような問題意識やこだわりをもって、論文に取り組んだのか？　そして論文は、それらの問題意識を適切に反映したものになっていたか？

4．論文を書く場合

自分が論文を書く場合も、論文を読む場合と同様のチェックポイントをおさえながら構造を確認する。

論文の書き順は様々である。「方法」から書く研究者もいれば、「結果」から書くという研究者もいる。自分にとって一番やりやすい方法を持っていることが大切なのであって、書く順番そのものは何でも良いように思う。ただし、目的を最初に定めること。これだけは守るべき大切な順序である。

以下に、論文を読む場合とは異なるポイントについてまとめる。

目的を定める

「目的」を簡潔に表現すること。すべてはここから始まる。

筆者のゼミでは、目的をワン・センテンスで表現できるようになるまでは論文を書き始めてはいけないというルールをもうけている。これから修士論文を書こうとしている学生に、「あなたの論文の目的は何ですか」と質問すると、問題意識の背景や、そのような問題意識を持つにいたったきっかけなど、長い説明が返ってくる場合が少なくない。教員の立場からすると、そのような情報も、その学生のそれまでの体験や関心の所在を理解するうえで有意義なものであるが、しかし、これでは論文の目的にはならない。

また、自分が探索的な目的を設定するのか、仮説検証型の目的を設定するのかについても、意識的に決める必要があろう。仮説検証型のほうが、書き手の知識に深まりがうかがわれる。また、探索型の目的の場合、論文を書き進めるうちにあれこれと論点が広がりすぎてまとまりがつかなくなってしまうという事態も起こりがちであるが、仮説検証型の目的は内容がしぼりこまれているので、論文執筆の後々の作業も迷いが少なくて済む。同時に、仮説検証型の目的にはデメリットもあり、「しぼりこんでいる」だけに「はずす」リスクは大きいといえる。そして「はずれた」場合、論文を書き進める過程で軌道修正に四苦八苦することになる。教員といえども完璧な論文が書けるわけではないが、しかし論文執筆について学生よりは経験を多く持っているので、「この仮説のしぼりこみは大胆すぎる」とか、「これは、はずす可能性がある」とか、「しぼりこみ」によっておこり得る失敗を事前に察知できる場合が少なくない。こういったことからも、目的の設定については指導教員によく相談をすることが重要である。

一度目的を書いたら、二度と変更しないというものでもない。特に、結果や考察の推敲を重ねるうちに目的の表現や強調点が変わるのは、あり得ることである。ただし、目的の内容も含めた根本的な変更をしなければならないのであれば、研究全体の整合性に遡っての再調整が必要だろう。

「目的」の重要性は、いくら強調してもしすぎることはない。じっくりと取り組むべき最初の関門である。

先行研究を構造化する

論文の目的が定まったら、論文のキーワードが決まって来る。このキーワードを使って既存の文献をリストアップし、読み込みをする。

先行研究の検討の一番の目的は、自分が扱おうとしている課題について、今までどのような研究が行われており、何がどこまで明らかになっているのかを整理する点にある。このときに、「構造化」をすることが重要である。構造化とは、先行研究を自分の論文の目的に沿ったストーリーラインにしたがって整理しなおすことである。これが論文の前半を構成する。

先行研究を構造化するための方法は様々である。たとえば、自分の論文のテーマに関わる統計調査にはどのようなものがあり、質的研究ではどのような知見が報告されており、いっぽう現場の経験的報告にはどのようなものがあるか、といった整理の仕方が考えられる。アプローチによる先行研究の整理といえようか。また、立場による整理も可能である。たとえば、介護保険制度について、サービスを提供する事業者とサービスを利用する高齢者やその家族、そして制度を運営している地方自治体それぞれの立場からの見解を比較検討するのも一法である。視点の違いによる整理も可能である。たとえば一定の地理的範域で展開される住民の活動を研究する場合、「地域福祉」の視点、「市民活動」の視点、「ソーシャル・キャピタル」という視点によって、得られる知見や議論のあり方がどのように異なっているのかを比較するという方法もある。なお、先行研究の構造化についても、論文の目的にてらしあわせて適切なアプローチが選択されていることが重要である。

どのように構造化をするかを、論文執筆の段階で考えるのでは遅すぎる。研究開始時に研究目的を定める作業の中に、先行研究の検討と構造化も含まれていなければならない。したがって理想をいえば、論文執筆時には、それを整理するだけですむはずである。とはいえ、研究が進展するに伴って、研究計画をたてていたときには思いもしなかったような構造化の方法が見つかることの方が多い。そして、このような再構造化を経て得られる先行研究の理解は、オリジナリティも高まっているものである。

興味深いことに、先行研究の構造化が充実していると「考察」部分でも良い議論が展開でき、そうすると他のセクションの粗が見えてくるので全体の調整も進み、結果として論文全体のクオリティが上がる。「はじめに」の出来が、論文全体の質を規定するようである。このように考えると、近年、「はじめに」と「方法」に関する理論的検討が投稿論文審査の折の重要ポイントになりつつあるのも、納得のいくところである。

こうして先行研究を構造化し、「はじめに」のセクションの後半で自分の論文の目的を宣言する。このときの流れがスムーズであるかどうかにも気を配りたい。

ちなみに筆者のゼミでは、先行研究を構造化した部分を、調査やインタビューに出かける前に書き上げるようにしている。いくら先行研究を検討しても文章化をしないで放っておくと、その後に調査などを実施して情報量が一気に増えたときに圧倒され、先行研究のことなどどこかにふきとんでしまう学生を多く見てきた。そのような経験から、先行研究の検討部分は早めに文章化して、次のステップに進む方法を採用している。また、先行研究を整理する中で、自分が設定した論文の目的についての微調整も進むので、先行研究の検討結果を文章化することによって、目的の検討も丁寧に進められるというメリットがある。論文の執筆は、どんなに余裕をもって取りかかっても、締め切りが迫るにつれて「時間が足りない」という感覚に襲われる。修士課程の学生はとくに、二年間という短い期間に成果をまとめなければならない。このときに、先行研究の検討部分が既に文章になっていると、気分的にも救われるようである。

「方法」を書く

結果を書く前に自分の論文で採用した方法についてきちんとまとめることが重要である。調査の場合は、調査の対象や方法、回収率などを明記する。論述の場合は、自分が論考を進めるうえでの視点や枠組みを明示する。そしてそもそも、どうしてその方法を選んだのかを、論文の目的と整合性をもって説明する必要がある。

また方法の項を書きながら、どのようにして結果をまとめれば自分の論文の長所がひきたつのか、そして自分が採用した方法に起因する限界ゆえに、結果のどの部分は慎重に解釈しなければならないのかについて見通しをたてることも、この段階のポイントである。

「結果」を書く

目的にしたがって、得られた結果を整理してまとめる。目的が明確であれば、比較的苦労せずに書くことができる部分である。ただし、採用した研究方法によって図表の示し方のルールが異なるので、これについての基礎的な学習が必要となる。

「考察」を書く

論文の読み方で示したチェックポイントに留意しつつ書き進める。そして最終的には、目的がどのように達成されたのかというゴールにむかって議論を追いこんでいく。

なお、考察でも先行研究を引用するので、先行研究の検討部分で引用するものとの区別をどうつけるべきについて質問を受けることが多い。これについて一概には言い切れないが、以下のような整理はつけられるだろう。つまり、先行研究の検討部分では、自分の論文をより大きな議論の流れの中に位置づけるために引用する。これに対して「考察」では、自分の論文で得られた知見の評価や解釈に役立つものを引用したり、自分の論文の意義を明らかにするために、比較の意味で先行研究に言及する。こうすると自ずから、「はじめに」の部分には概論的な論文や著作の引用が多くなるのに対して、「考察」では自分の論文のテーマと直接関わるような引用が多くなるであろう。

ちなみに、論文では引用の方法についても細々としたルールがある。こちらについては「II 論文の作法」の項でまとめたので参照されたい。

「結論」を書く

目的がどこまで達成されたのかを簡潔に記す。論文を読む場合と同様に、目的と照らし合わせてのチェックが重要である。

筆者の場合は「考察」と「結論」の順番は逆で、「結果」をまとめると同時に「結論」も書いてしまい、その後に「考察」を書く。というのも、考察を書くうちに話がどんどん広がる癖があるので、結論を先に書いて着地点を明らかにしておくことで、なるべく迷いを少なくしたいという意図（願望、無駄な努力……?）ゆえのことである。とはいえ、考察で迷ったときほど最終的な成果物は充実しているような気もするので、あえて迷いを避ける必要は無いのかもしれない。

「はじめに」を書く

大学院生が当面取り組む修士論文の場合には、「はじめに」とは別の章を設けて「先行研究の検討」

や「目的」を述べる。したがって筆者のゼミでは、「はじめに」には、そのテーマに取り組んだ動機等について自由に書くということで、目下のところ、一番気楽な章という位置づけになっている。

投稿論文の場合は、「はじめに」は極めて重要である。「はじめに」で先行研究を整理し、自分の論文が立脚する理論や視点を定め、そして論文の目的とその意義を簡潔に記す。近年は「方法」論の議論も審査の折の重要ポイントになりつつあり、一流といわれる学術雑誌では、「はじめに」と「方法」が論文全体の三分の一かそれ以上を占めるほどの書き込みが求められるようになっている。

5. まとめにかえて

論文を読むのは楽しい。優れた論文に出会ったときの感動は深く、興味をひかれた論文の著者にメールを送って交流が始まる等の喜びもある。

いっぽう、論文を書くには苦しいことが多い。筆者の場合、初めて論文を投稿してから四半世紀が過ぎているが、論文作成の苦しさは今日に至るまで全く変わることが無い。未だに、審査員から「目的と結論が合致しない」などと指摘され、自身のふがいなさに涙する。そして自慢ではないが、本章に執筆したような方法でスムーズに論文が書けたことなど、一度もない。したがって本章のほとんどは、自身に向けた叱咤である。「少年（少女?）老いやすく、学、成り難し」。

「岡目八目」という言葉もある。自分のことを他人の方が良くわかる場合がある。研究の過程にもこれは当てはまり、自分のアプローチに酷似する論文に出合ったり、自分の立場とは正反対の議論が展開されている場合（かつ、その議論が非常に優れていたりした場合）、それらの論文を冷静に評価できなくなることがある。論文を書いていて混乱したときや、投稿論文の審査結果が返ってきて心情的な動揺が大きいときなども、自分ひとりではうまく抜け出せない。このような場合は、指導教授や先輩、同僚に相談にのってもらうのが有効である。信頼できる他者なくしては、自身の勉学や研究も深まりにくい。研究過程の妙である。

Ⅱ　論文の作法

須田　木綿子

1. 論文にふさわしい文章表現

「論文の書き方がわからない」と社会人の大学院生が言う場合、二通りの意味がある。一つは、文章そのものが書けないという意味である。そしてもう一つは、論文の作法がわからないという意味である。

前者については、書くことを習慣にするしかない。一日に一回、トピックを決めて書くだけでも、三か月もすれば量だけは書けるようになる。上手な文章である必要はない。論文を書こうとしているからといって、特別に難しい表現をするのも逆効果である。中学生にも理解できるような、平易な文章が良い。無駄な修飾も、省くべきである。必要なことだけを、わかりやすく書けば良い。

後者の、論文の作法については、さらに次の二点がポイントになる。一つは、基本的な用語を覚え、それを正しく使用することである。もう一つは、個々の文が論理的につなげられていることである。

用語を「正しく」使用するとは、その用語の理論的背景や定義を理解し、そのうえで自分はどのような意味でその用語を使っているのかを明示し、一度明示したら、原則としてそのルールを変えないことである。用語の理論的背景や定義は、先行研究を読み比べて自分で勉強をする。このような勉強を経ずして、勝手に定義を自分でつくりあげてはいけない。

社会人大学院生にありがちな文章の例を下記に示す。

高齢者の社会関係を理解するうえで要となる「キーパーソン」「ソーシャル・キャピタル」「ソーシャル・ネットワーク」「ソーシャル・サポート」等の分析概念を用い問題の所在を明らかにし、高齢者の社会関係の態様や機能、どのような役割をはたすのか。「キーパーソン」「ソーシャル・キャピタル」「ソーシャル・ネットワーク」「ソーシャル・サポート」等の役割が高齢者の社会関係の中でどう位置づけられるかを考察する。「キーパーソン」「ソーシャル・キャピタル」「ソーシャル・ネットワーク」「ソーシャル・サポート」等をツールにして関係性を調べることで、社会関係の在り方を探索する方法として位置づける。

この文章は、形式を含めて問題点を指摘し始めるときりがないので、[1]用語の使い方において決定的と思われる課題を論ずるにとどめる。

まず、「キーパーソン」「ソーシャル・キャピタル」「ソーシャル・ネットワーク」「ソーシャル・サポート」それぞれの用語の定義に関する説明がない。この種の用語の定義は複数存在することが多いので、その中で自分はどの定義を採用するのか、その利点は何なのかも明らかにする必要がある。また、上記の文章の限りでは、「キーパーソン」「ソーシャル・キャピタル」「ソーシャル・ネットワーク」「ソーシャル・サポート」は「分析概念」であり、「役割」でもあり、かつ「ツール」でもあるように読み取れる。そんなことはありえない。「態様」という言葉の意味も不明である。書き手が、いかに不用意にこれらの言葉を使っているかが明白な文章である。

論拠も明示されていない。「キーパーソン」「ソーシャル・キャピタル」「ソーシャル・ネットワーク」「ソーシャル・サポート」が、高齢者の社会関係を理解するうえでの「要」になると判断する根拠が必要である。根拠は、先行研究を引用しながら示す。「要」の構成要素について、先行研究

1　形式の問題とは、たとえば、「キーパーソン」「ソーシャル・キャピタル」「ソーシャル・ネットワーク」は「」で括られているのに、どうして［ソーシャル・サポート］だけは［］が使用されているのか、といったことである。意図があってカッコを使い分けているのであれば、説明すべきである。不注意でこのようなことになったのであれば、言語道断である。冒頭の文では、主語と述語の混乱も見られ、尻切れトンボな終わり方になっている。これだけの短い文章でカッコや主語―述語の不一致といったミスが二つもあるのは、許容範囲を越えている。内容が充実した文章は、形式も整っている。逆に、内容は優れているのに形式的なミスが多いというケースは、まず無い。たかが形式、されど形式、である。

は何をあげているのかを紹介し、その中で自分はどの先行研究のどの部分の試論に着目するのかを明らかにすべきである。先行研究を参考にしつつも「要」について独自の構成要素を設定するのであれば、その必然性と、自説の妥当性を示すべきである。

個々の文を論理的に組み合わせることは、論理的な思考を身につけることと表裏一体の関係にある。筆者の授業では左記のような本を紹介している（出版社が本書と同じなのは偶然である）。

宇佐美寛編著『作文の論理——［わかる文章］の仕組み』東信堂

技術的な作法（どのような文字を半角にすべきか等々）については、日本社会学会の学会誌「社会学評論」のスタイルガイドが参考になる。下記のサイトからアクセスが可能である。

http://www.gakkai.ne.jp/jss/jsr/JSRstyle.html

2．引用のマナー

引用のマナーを無視する大学院生があまりに多いのは、憂慮すべきことである。引用のマナーとは、単なる形式ではない。研究者としての精神の根幹に関わる問題である。

研究は、ひとりで成り立つものではない。先人の積み重ねた成果から学び、そのうえに自分がまたひとつ、小さな知見を積み重ねる。世界中の研究者が同様の共同作業に参加し、少しずつその領域に関する理解が深まっていく。研究とは、たとえ単著の論文であっても、類似の関心を持つ過去・現在・未来の世界中の研究者との知的な共同作業なのである。

このような中で先行研究の成果を正しく引用することは、先人や同僚の貢献を認め、その努力に敬意を払うことである。先行研究の引用がない著作は論外である。ろくに引用もせずに自説を展開したり、すでに存在する先行研究を無視して同じような議論を繰り返すことも、他者の貢献や努力を無視するに等しい行為である。

また、ある研究者が引用している論文や著作が非常に参考になるので、自分もそれを真似て引用しながら、その参考元の研究者の仕事を引用しないのも盗用に等しい。研究では、優れた仕事に倣うことは誉められこそすれ、決して恥じたり隠すべきことではない。「○○○（参考元の研究者の名前と発表年、頁）に従って整理するなら……」とひと言ことわればすむ話しである。

引用に対する姿勢には、書き手の心映えが顕れる。心して取り組むべき論文執筆上の重要な局面である。

以下に、引用の具体的な方法と一般的な留意事項について述べる。

このようななかで2000年に施行された介護保険制度は、……（中略）……「厚生省主導型で進められ」（増田　2003: 50）、「法制の社会福祉の改革なのであって、民間の社会事業からの改革ではない」（原　2000: 61）、「介護保険法は、介護費用に対する保健法である」（筒井 2001: 18）等の見解が表明されている。

例文A

引用の具体的な方法

引用の具体的な方法には、大きく分けてふたつのポイントがある。論文の本文中に引用文献を示すときと、論文の最後に引用文献として先行研究のリストをあげるときである。

①本文中に引用文献を示す

例文を上にあげる（**例文A**）。[2]

「　」で括られた部分が、先行研究からの抜き書きである。「　」の直後の（　）内には、引用した先行研究の著者と発表年、引用箇所のページを示す。引用した先行研究は、論文の一番最後に、著者の名字であいうえお順もしくはアルファベット順に列記する。

（　）のかわりに脚注番号をふり、引用した先行研究のリストを論文の最後に番号順に示す方法もある。この場合は、**例文B**のような示し方になる。そして論文の最後に、番号順に引用文献を列記する。たとえば次のような具合である。

2　須田木綿子、浅川典子（二〇〇四）「介護保険制度下における介護老人福祉施設の適応戦略とジレンマ：探索的研究」『社会福祉学』四五（二）：四六―五五。

このようななかで2000年に施行された介護保険制度は、……（中略）……「厚生省主導型で進められ」[1)]、「法制の社会福祉の改革なのであって、民間の社会事業からの改革ではない」[2)]、「介護保険法は、介護費用に対する保健法である」[3)]等の見解が表明されている。

例文B

1）増田雅暢（2003）『介護保険見直しの争点』法律文化社 : 50.
2）原慶子（2000）『ヒューマンケアの思想と実践：介護保険制度を超えて』ドメス出版 :61。
3）筒井孝子（2004）『介護サービス論：ケアの基準化と家族介護のゆくえ』有斐閣 :18.

文中での引用文献を（　）で示すのか、あるいは脚注番号をつけるのかは、論文が掲載される雑誌によって異なる。引用のルールも実に細かい。たとえば上記の場合、（増田, 2003: 50）と、著者名と発表年の間に「,」（カンマ）をつける雑誌もあれば、例文Aに示したようにスペースを空ける場合もある。これぐらいはいいだろうと、勝手にカンマやスペースで区切っては決していけない。また、上記には著書を引用する場合のみを例にあげたが、学術雑誌に掲載された論文を引用する場合や、外国語の著書や学術論文、ネットを通じてダウンロードした資料を使用する場合の示し方など、引用する文献や資料の種類によっても引用の方法は異なる。したがって論文を投稿する場合は、必ず投稿先の雑誌の投稿規程に目を通し、それぞれのルールに従う必要がある。大学院の修士論文の場合は、「○○○という

対人サービスを提供する組織は、組織を管理運営するための「管理核」と、サービスを実際に提供するための「技術核」からなるとされる。そしてこれら2つの核がゆるやかに結びつくことによって（ルースカップリング）、組織の効率性や収益性と、それらの価値には必ずしもなじまない現場の理念との共存が可能になると説明される（田尾 1995: 23）。

例文C

雑誌の投稿規程に従うこと」とあらかじめ指定をしているところもある。何も指定がなければ、指導教授に相談するのが良い。

なお、原文を直接書き抜かないものの、論旨を参照する場合には、やはり引用をする必要がある。例を次に示す（**例文C**）。[3]

この引用では、文章全体の議論の流れが田尾という研究者の先行研究にしたがっていることを示している。さらに、「管理核」「技術核」と言う用語を「　」で括ることによって、これらの用語も田尾の先行研究で使われていることを表している。

引用のルールを無視するのは、百害あって一利なし。楽をしてその場をしのいだつもりでも、学位論文であれば提出段階で、投稿論文であれば採択後の編集段階で必ず修正を求められる。このめんどうな作業を、そのうち誰かがやってくれるということは、決してない。引用ルールが守られていない論文は審査員の心象を大きく害するので、審査過程で自分が損をすることにもなる。そもそも、優れた論文ほど、この種のルールもきちんと守られているものである。

3　田尾雅夫（一九九五）『ヒューマン・サービスの組織：医療・保健・福祉における経営管理』法律文化社

その他の注意点

先行研究で使われている表現を書き抜く場合も、必ず「　」をつける。例を次に示す。

例文D[4]の場合、「統制のとれた分権体制」という言葉を「　」で括り、さらにその直後の（　）内に「新藤, 1996; 武智, 1996」と記すことによって、「統制のとれた分権体制」という表現を考案したのは「新藤」「武智」という研究者であり、それを示す著作がいずれも一九九六年に出版されたことを示している。このような引用を怠ると、**例文E**のような表現になる。

例文Eの文章は、「統制のとれた分権体制」という用語を考案したのは自分であることを主張している。盗用する意図はなくても、行為として盗用にあたる。決しておかしてはならない誤りである。

4　須田木綿子（二〇一一）『対人サービスの民営化の論理：行政―営利―非営利の境界線』東信堂

> 我が国の民営化は、社会福祉基礎構造改革以来、権限が国から地方自治体や民間に委譲されつつも、国の影響力が維持・強化される中で進行し、「統制のとれた分権体制」（新藤, 1996; 武智, 1996）と称されてきた。

例文D

> 我が国の民営化は、社会福祉基礎構造改革以来、権限が国から地方自治体や民間に委譲されつつも、国の影響力が維持・強化される中で進行した。これを統制のとれた分権体制と称することができる。

例文E

言葉だけでなく、文や複数の文（文章）を引用する場合は、句読点の位置から漢字の使い方まで、そのまま書き写すのが原則である。もとの文（章）の何一つも変えてはならない。たとえば、次のような文章がある。[5]

　私がここで言いたいのは、「倫理的問題」や「価値」についてではない。文章を書く時、大きい内容の抽象論を書いてはいけないということについてである。なぜ、いけないのか。理由は次のとおりである。

以上の文章を次のように書き換えてはいけない。

　私がここで言いたいのは、倫理的問題や価値についてではない。文章を書く時、大きい内容の抽象論を書いてはいけないという事についてである。なぜいけないのか。理由は次のとおりである。

右の文章では、「　」「　」が省かれている。また、原文では「抽象論を書いてはいけないということ」となっているにもかかわらず、「書いてはいけないという事」と、「こと」が漢字に書き換えられて

5　宇佐美寛編著『作文の論理――［わかる文章］の仕組み』東信堂、二〇〇九：二二。

いる。さらに原文では、「なぜ、いけないのか」と句点があるのに、書きうつされた文章は「なぜいけないのか」に変わっている。このような勝手な文章の書き換えは、ゆるされるものではない。書き手には、それぞれにこだわりがある。漢字ひとつ、句点の位置ひとつに呻吟することも少なくない。スペースの空け方に至るまで、発表された文（章）は書き手の作品である。そのような書き手の苦闘の産物に、他者が勝手に手を加えるようなことをしてはならない。

引用のルールは、技術的なものにとどまらない。技術的ルールは守られていても、誤った引用というものはある。原文の意味を取り違えると、そのようなことが起こる。その例を次にあげる。

例文F[6]の引用は、原文の著者の意図を曲解しているという点

6　Milward, B. & Provan, K. (2000) Governing the Hollow state. *Journal of Public Administration Research and Theory*, 10(2), 359-379.
Provan, K. and Milward, B. (1994) Integration of Community-Based Service for the Severely Mentally Ill and the Structure of Public Funding. *Journal of Health Politics, Policy and Law*, 19(4): 865-894.
Salamon, L.(1995) *Partners in Public Service: Government-Nonprofit Relations in the Modern Welfare State.* Baltimore: The Johns Hopkins University Press.

> 先進諸国を通じて、それまで行政が担っていた仕事の民営化が進んでいる。日本では、高齢者介護の領域が典型である。介護保険制度の導入によって、介護事業の実務は民間組織にまかせ、行政は事業の監督役に専念するようになった。このように民間を信頼して業務を委託・委任するようになった行政の体制を、“ third-party government”（第三者に実務を委ねた行政）という（Milward & Provan, 2000; Provan & Milward, 1994; Salamon, 1995）。

例文F

において誤っている。“Third-party government”は、「第三者に実務を丸投げしてしまった政府」とでも訳すのが正しく、実務責任を民間に委譲した行政の手抜きぶりを皮肉った言葉である。にもかかわらず例文Fの文章では、行政と民間の信頼関係が強調され、“third-party government”を「官民協働体制」と入れ替えても差し支えないような意味で引用している。

このような意味の曲解を防ぐには、原文を正しく理解する努力を重ねる以外にない。引用したい言葉については、原文の著者がその言葉をどのように定義しているかについて確認するのみでなく、その言葉が使われている前後の文章を何度も読んで、文脈から原文の著者の意図を正確に理解する必要がある。目についた言葉にとびつき、それを自分の都合の良いように解釈して（意味を曲解して）引用することは、絶対に避けなければならない。

以上のことに日頃から配慮しているつもりでも、実際に論文を執筆していると、原文の著者が含意することと、それを読んでいる自分の解釈との境界線がわからなくなることは、意外に少なくない。引用をすべきかどうか判断に迷ったら、引用しておくのが安全である。ただし、無理な引用は、先の意味の取り違えにもなりかねないので、工夫が必要である。「○○（発表年：頁）は……と述べているが、これは△△と解釈することが可能である」とか、「○○（発表年：頁）は……と述べているが、これは要するに△△という意味であろう」等の表現にしておくのも一法である。それでも迷いが残る時こそ、指導教授の出番である。大学院の学生である特権を大いに活用して、指導を仰ぐことをお勧めする。

III　先行研究等の集め方、読み方

藤林　慶子

1．何を集めるのか

論文を執筆する場合には、まず自分の研究テーマをある程度決めていることが当然のことであるが必要である。その上で、過去にどのような自分の研究と関連する研究があったかという先行研究、資料や新聞、政府刊行物などの資料を収集する。

先行研究の収集には、二つの意味がある。第一に、基礎的な勉強のためである。テーマが大まかで絞られていない場合、論文のまとめ方がわからない場合に、先行研究を参考にする。第二に、自分の論文に必要な引用文献や参考文献を探すということである。引用文献や参考文献がまったくない論文というのはありえない。必ず先行研究の精査を行って、それらを踏まえた上で自分の論文に活かすことになる。

つまり論文収集とは、論文執筆のネタになるものを集めるとともに、執筆の際に引用できる文献、参考にできる文献を集めるということである。集めた資料が全て引用文献、参考文献として執筆した論文に活用されるわけではないが、いつでも引用文献、参考文献として活用できるように準備しておくことが重要である。

一般に先行研究や資料は、総称して資料と言われているが、資料収集は論文を執筆する上で大きなウェイトを占める。資料収集は、そもそも自分が何をテーマに論文を執筆するかに密接に関わってくる。しかし他方で、テーマを決めるために資料を集めるという場合もある。たとえば、研究初期の場合には、大まかなテーマ設定は考えているが、具体的なテーマはまだ決めていないという場合がある。その時には、より具体的なテーマにするための資料収集が必要となる。つまり、資料収集とテーマには、①テーマを決めてから資料を集める、②資料を集めながらテーマを決める、③テーマを考えながら資料を集める、といういくつかの関係がある。[1]

修士課程（博士課程前期）に入学したばかりの学生の多くは、すでに大まかな研究計画を作成している場合が多いが、それらの研究計画はあくまでも仮のものであり、これから吟味し、再考していかなければならないものである。そのため一年次の段階での資料収集は、前述の②と③という場

1　斎藤孝・西岡達裕、『学術論文の技法』日本エディタースクール出版部、二〇〇五：三二。

合になろう。

研究の資料という場合の資料には、様々なものがある。その人の研究内容や分野によっても、収集できる資料、収集すべき資料は異なるが、社会学系の論文を執筆する場合の資料としてはおおむね以下のようなものがある。[2]

レファレンス資料：辞典や辞書等の参考図書である。必要な部分のみを参照するだけの文献をいう。

図書：一般的に本、単行書として出版されているものをいう。

雑誌論文：雑誌にはいわゆる学協会誌[3]（学会誌）、大学紀要、業界誌、商業雑誌などがある。特に学協会誌、商業誌、大学紀要は学術雑誌と呼ばれる。

新聞記事：全国紙だけではなく地方紙を含めて、新聞に掲載されている記事をいう。

レポート・報告書：研究機関や各種学会、大学、何らかの研究費助成を受けた個人、官公庁、外郭団体などが刊行する調査研究報告書や研究資料をいう。

2　井出翕・藤田節子、『レポート作成法―インターネット時代の情報の探し方―』、日外アソシエーツ株式会社、二〇〇三：五六～五七。

3　学協会とは、研究者を中心に構成された学術研究の向上・発達を目的とした団体であり、「日本学術会議協力学術研究団体」のこと。いわゆる○○学会や○○学協会等をいう。「日本学術会議協力学術研究団体」は、日本学術会議と各団体との間で緊密な協力関係を持つことを目的とし、従来の登録学術研究団体及び広報協力学術研究団体に代わって、平成一七年一〇月に設けられたものである。

会議資料：公的機関の会議議事録、学会等が主催するシンポジウムの記録、いわゆる学会の口頭発表要旨集などをいう。

web情報：インターネットを活用して、ネット上の様々なwebページやwebサイトからの情報である。ただし、web情報は、論文等に引用する場合には官公庁や公的団体などから発行されるものは引用できるが、出所が不明確なものは引用しない方がよい。あくまでも参考資料として、webをみることはかまわない。

様々な資料を集め、それを読み、自分が必要とするものと必要としないものに分けて分類をするという作業を行っておくことが必要である。

2．どのように集めるか――文献検索の方法

インターネットが普及し、文献検索の方法も格段に進歩した。また大学間図書館の連携等により、他大学の図書館が利用できるようになり、そこのリファレンスサービスを利用できるようになった。ここでは、大学図書館のサービスを利用する場合と、インターネットを利用した文献検索の方法について説明する。

図書館を利用する場合

現在では、大学のホームページから必ず図書館へのリンクが貼ってある。インターネットを開き、「自分の大学名　図書館」で検索をすれば、そのｗｅｂ検索結果が出てくる。まず自分の大学の図書館をフル活用することが第一である。

自分の大学の図書館のホームページには、ＯＰＡＣという用語がある。ＯＰＡＣとは、Online Public Access Catalog の略であり、オンライン蔵書目録のことである。ＯＰＡＣにキーワードを入れて、蔵書検索をすると、図書館のどこを探せば、この本があるのかがわかり、なおかつ出版年、出版社等の詳細情報がわかるようになっている。

自分の大学にない資料を閲覧したいと思ったら、その資料がある図書館を探すことである。「NACSIS Webcat」（http://webcat.nii.ac.jp/）という国立情報学研究所のサイトがある。Webcat とは、全国の大学図書館等が所蔵する図書・雑誌の総合目録データベース及びＲＥＣＯＮファイルを、ＷＷＷ上で検索できるシステムである。これを利用するとどこにその資料があるかがわかる。国立国会図書館（http://www.ndl.go.jp/）のホームページを利用することも一つである。

図書館のデータベースの利用

各大学の図書館では様々なデータベースを用意している筈である。本ではない資料、つまり論文等を検索する場合は、これらのデータベースを利用する。論文検索を行う場合の一つの方法は、学協会で発行された学術論文と大学等で発行された研究紀要の検索を行うためのデータベースを利用することである。我が国では一般的に、CiNii（サイニイ）を使用するとよい。CiNiiとは、大学共同利用期間法人情報・システム研究機構　国立情報学研究所（http://www.nii.ac.jp/）のサービスの一つであり、大学で契約している場合は学内のコンピュータから無料で接続ができる。また個人での契約もできるので、必ず利用したい。CiNiiのホームページでは、便利なサービスとして多くの資料収集の元が提示されている。ただし海外文献等の全文を入手する場合には、電子ジャーナルとそれぞれの大学が契約しているかどうかによってその場で入手できるかどうかは異なるので、各自図書館に問い合わせてほしい。なおCiNiiと契約している大学であれば、ＰＤＦのある論文については、即座に論文の全文が表示される。

もう一つの論文検索の方法は、MAGAZINEPLUSの利用である。MAGAZINEPLUSは、人文社会系の国内最大の雑誌・論文情報データベースである。大学ごとに契約をしていると利用することができる。ただし、MAGAZINEPLUSは、記事や論文の本文がCiNiiのように閲覧できない。最初に必要な論文を検索して、それが収録されている雑誌を「OPAC」「WebcatPlus」「JJRNavi」等で探すことになる。

各大学の図書館では、各種データベースと契約しているはずである。まず自分の大学の図書館のサービスにどのようなものがあるかを熟知することが基本である。

自分の大学にない資料を利用する

他大学の資料を利用するには、所蔵している大学に直接行って見るという方法がある。この場合は、所属大学の図書館のカウンターに行き、「紹介状」を発行してもらう。その発行状を持参して、資料のある大学に行けば閲覧をさせてもらえるが、貸出は原則としてできない。

また各大学付属図書館では、他大学から「図書」や「文献の複写」を取り寄せる「ILL サービス」を行っている。このサービスを利用するには、各大学によって手続きが必要となるので、図書館のカウンターで確認する必要がある。

インターネットを利用した文献検索

一般的に自宅からでもインターネットから利用できるサイトがある。

たとえば、アメリカ議会図書館 Library of Congres (http://www.loc.gov/index.html)、大英図書館 British Library (http://www.bl.uk/) などである。また、国立情報学研究所では、学術データベース・リポジトリ (http://dbr.nii.ac.jp/infolib/meta_pub/OdnCsvDefault.exe) があり、学術研究データベース・リポジトリに登録されているデータベースを横断検索することができる。ここからは、日本社会学会が作成している社会学文献情報データベースに行くこともできる。

アメリカの国立医学図書館が作成した PubMed という医学・医療文献データベース (http://www.ncbi.nlm.nih.gov/pubmed/) は、医学・医療だけではなくソーシャルワークや心理学等多くの分野に関連する論文等も含まれている場合がある。

社会学系にこだわらず、様々なデータベースを活用して、幅広く文献を収集することが重要である。

書籍を入手する

借りるだけではなくどうしても原本を必要とする場合には、本を購入する必要がある。現代では、これもインターネットを通して調べることができる。

社団法人日本書籍出版協会のデータベース日本書籍総目録（http://www.jbpa.or.jp/database/index.html）では、国内で発行された新刊八五万点の情報が入手できる。また株式会社トーハンの運営する全国書店ネットワーク e-hon でも多くの書籍を検索することができる上に、このＨＰからは復刻絶版本の紹介をする　ON DEMAND 万能書店　にも行くことができる。

紀伊國屋やジュンク堂、三省堂、有隣堂などの大手の書店のホームページ、アマゾンなどのインターネットからの注文販売のホームページなども活用するとよいであろう。

3．集めた資料を整理する

集めた資料はただ積んでおくだけではなんの役にも立たない。すべて読んだとしても、何をどう具体的に読んだのか、キーワードは何か、自分の論文に引用文献、参考文献として使えるものかどうかを考えながら読まなければならない。また最初は使わないと思った文献が、テーマが変わったことにより必要となる場合もある。収集した資料は整理をして、簡単に取り出せるようにする必要がある。

そのためにカード等を利用して、自分の文献リストを作るという方法もあるが、カードに記入するのは相当の手間がかかることでもある。そこでお勧めする方法は、Microsoft の Excel 等を利用して整理する方法である。修士課程の二年間では、収集する資料にも限りがあるし、時間的制約もあるので、簡単に使えるソフトを使って、自分なりの文献リストを作成してみることがよい。また文献管理ソフトとして、Endnote（ユサコ）、GetARef（大学生協）等がある。これを購入して文献管理を行うという方法もあるが、新たなソフトの利用方法を覚えるだけでも時間がかかるということは理解しておこう。

文献リストの作成は、あれもこれも入れるのではなく、簡単な整理をする方が望ましい。多くの学生が、論文を読むと引用する部分等を書き残しておかなければと思う。しかし、今読んで必要だと思った部分が、論文を書き始めてから本当に必要かどうかわからない。ゆえに、引用部分を残すとよりも気になる部分がわかるような保管方法が必要である。

また小テーマごとに文献をファイル等に分類するという方法をとっている人もいるが、一つの論文が複数の小テーマにまたがっている場合にはどこに分類してよいかわからなくなる。そこで、文献は一部だけ保管し、通し番号をつけて、目録上にキーワードをつけて、それで検索できるようにすることが効率的である。検索は、エクセルだと【データの並び替え】や【フィルター】という機能が使いこなせるようになれば、探し出すことは簡単である。

文献リストには、必ず著者名、書名、出版社名、出版年、雑誌の場合はタイトル、雑誌名、巻号番号、出版年、頁等を入れる。つまり、引用文献、参考文献の際に必要な情報がすべて入っていることが必要である。

また一冊の本を資料とするのではなく、そこから必要な部分のみをコピーして資料とするという方法もある。本を資料とする場合は、目次や奥付、共同執筆の場合は執筆者名一覧等も必ずコピーしておかないと、引用する段になって必要な情報がないということになってしまうので注意をしたい。ページナンバーがきちんと入っているかどうかも確認しよう。

4. 文献収集のコツ

資料を検索する場合には、キーワードがポイントとなる。自分の論文に関連するキーワードをどれだけ抽出できるのかが重要である。このときに固定観念にとらわれずに、様々な角度からキーワードを探すことが重要である。[4] 例えば、「介護サービス情報の公表」というテーマで文献を検索しよ

4　山崎茂明・六本木淑恵、『看護研究のための文献検索ガイド　第四版増補版』日本看護協会出版部、二〇一〇：七四。

うとする場合に、「介護サービス情報の公表」だけでは十分な論文数がヒットしない。「介護サービス」「情報」「公表」等タイトルにある単語を取り出し、その組み合わせを変えて検索してみるのも一つの方法である。また、「公表」ではなく「公開」とするなど言い方を変えてみるのもよいであろう。当然、英語に訳して検索することも必要である。関連する用語での検索も必要であり、検索をするためには様々な角度からそのタイトルに関連する用語を考えられるかどうかが大きなポイントとなる。

キーワードは、リサーチクエッションを作成して、自分の論文に関連する多くの用語を出す必要がある。論文に入れるキーワードとは別に、資料検索のためのキーワードを使いこなす必要がある。検索のコツは、広すぎても当てはまるものがヒットしないし、狭くしすぎても必要なものがでてこないという状態から、いかに脱却するかである。様々な組み合わせ、様々なキーワードを駆使しないと、先行研究が見つからないということになるので注意したい。

またたった一度の検索で、必要な文献リストは入手できない。様々な角度からキーワードを駆使することが必要であるが、それ以外に先行研究を利用するという方法がある。先行研究の文末には必ず参考文献や引用文献の一覧が載っている。自分と同じようなテーマの論文であれば、まずそれを同じようになぞって探してみるというのも一つの方法である。ともかく集めて、読んでみて、それからどう利用するかを考えることがポイントとなる。

5. 文献の読み方

集めた先行研究をどう読むかは重要である。大学院に入学したばかりの頃は、ともかく集めて、読むということを繰り返すことである。ある意味では、何が役に立つかは読んでみないとわからないともいえる。ゆえに入学後半年くらいは、ともかく自分の論文に関連するものを集めて読むということ。それらを整理して、これは使う、使わないという判断ができるようになる。

ある程度テーマが絞れた段階で行うのは、研究方法との関連で文献を読むということである。自分はどのような研究方法を行うのかということを、ある程度決めてから、その研究方法と同じ文献を読むことが必要である。つまり、研究方法のための参考文献が必要になってくる。できれば同じようなテーマでの研究方法が望ましいが、なかなかそのようなものは見つからないとすると、関連する領域で探すことになる。研究方法については、基礎的に勉強することから始まり、それをどう自分の研究で使うかを把握することが重要であり、資料は集めたけれどどう使ってよいかわからないということにならないようにしなければならない。

最初に述べたように、読み方にも自分の勉強のための読み方と、論文で使うことを入手するための読み方があるということである。そして、引用する文献かどうかもある程度見極めることが必要である。引用する箇所は、最初に読んだときに使おうと思っていたことと異なってくる場合もある。ゆえに、文献をこまかく書き写す等の作業は、時間があれば必要であるが、あまり時間のない社会人大学院生にはお勧めできない方法かもしれないということを、くり返し強調したい。

論文を読む際に、①重要そうなところ、必要そうなところにマーカーで線を引く、②マーカーで線を引いた箇所が、なぜ引かれたかがわかる、つまりその箇所のキーワードを作成し、インデックスをはりつける、③時間があればインデックスのデータベースを作成する等の作業を行いながら、読むとよいかもしれない。

実際に引用する際には、一年も前に読んだ論文だと忘れていることが多い。執筆を開始する前に、ざっと見直して、引用として使うもの、使わないものの区別をつけることが重要であろう。

Ⅳ 「現場」と大学院の往還
——当事者は研究者にいかになるのか

西澤 晃彦

1.「現場」とフィールド

社会人の大学院生の場合、自らの日常的な「現場」をそのままフィールドとして、研究テーマを設定することが多いように思われる。研究において、そのことのメリットは明らかなことのようにも見えるが、ここでは、研究において不可避な「調査をする」と「書く」という過程を取り上げ、「現場」の当事者であるがゆえの困難について考えてみたい。

そもそも、「現場」をフィールドとする——仕事や活動の「現場」を研究の対象とする——人々は、アカデミズムにおいてどのような存在とみなされてきたのか。実は、「現場をよく知っている」ことはメリットでも何でもなかった。どのような調査においても、「現場をよく知っている」人々との接触は必須であるが、研究者にとってそうした人々は、インフォーマント（情報提供者）以上のものではなかった。研究の世界においては、『遠野物語』の作者は柳田國男でなければならず、語り部は隠される。その理由というか方便は、当事者のもつ知識は所詮「現場」の経験知なのであって客観科学とは別物である、というものであった。結果として、「これまでの学術的な枠組みにおいては客観性が保証されないという理由から、〈当事者〉自身は語ることさえも許されないという状況が大半を占め、〈当事者〉を表明する者は高等教育機関内部から排除されることが多かった」。[1]「よく知っている」ことは、むしろ、「現場」に埋没し客観性を失っていることを示すとされてきたのだ。アカデミズムは、当事者の言葉を疑念をもって受け止めてきたのである。ここに、象牙の塔における、真実はわれわれだけが知り得るとの特権主義とエリート主義を見出すことは易しい。それへの自己反省的な検証とアカデミズムの現状への批判は、当然、研究者集団内部からもあった。だが、そうした批判とは関係なく――関係があったのかもしれないが――、「大学院拡充化」と「高等教育の大衆化によって、事態は一変」する。「〈当事者〉としてカミングアウトをした上で〈当事者〉を「対象」とした研究に従事することも今では珍しくはなくなった」。[2]そうして、社会人が大学院で学び、「現場」をフィールドとすることも稀ではなくなったのである。しかし、「現場」をフィー

1　宮内洋「はじめに」宮内洋・好井裕明編『〈当事者〉をめぐる社会学～調査での出会いを通して～』北大路書房、二〇一〇：i。
2　同上、iiページ。

ルドとする人々が、客観性問題を免除されたという訳では全く無い。そして、そうした人々がその問題を乗り越える方途は、誰かがすでに検討してくれている、ということもない。

試みに、社会調査のもろもろのテキストを見てみるとよい。それらは、非当事者が当事者に対して調査を行うことを前提として書かれている[3]（宮内泰介『自分で調べる技術――市民のための調査入門――』（岩波アクティブ新書）という貴重な例外もあるにはある）。高校を出たばかりの学生が多数派を占める大学においては、その前提はあまりにも自明のことだった。また、大学に棲息する研究者たちの多くが、学生時代から大学に居残り続けてきた人々であることも、社会調査をめぐる論議の文脈を拘束しているのかもしれない。つまり、社会調査をめぐる言葉の蓄積においては、「現場」をフィールドとする人々は、想定外の存在であったのである。それゆえ、「現場」をフィールドとする人々には、客観化問題をクリアするためのテキストもマニュアルも存在しない。そうした人々は、自らの手で疑念を晴らさねばならないのだ。

これは、不公平な事態である。非当事者が、テキスト通り、マニュアル通りにことをなせば、客観性を僭称できる。本当はそんなことは絶対に無いし、後述するが研究において客観性よりも重要な問題があるのだ。それでも、制度はそのようにできあがっているように見える。一方に、客観

3 もちろん、そこにおける非当事者である調査者と当事者である調査者の関係性が、時折反省的に議論されてきたことは言っておかねばならない。

性を約束された入り口があり、もう一方に客観性を疑われ続ける裏口がある。これに対して、「現場」をフィールドとする人々の中には、当事者であることを消し去るかのように、これでもかこれでもかと、テキストを、マニュアルを、倫理綱領をなぞりながら、非当事者と同じやり方で客観化をなそうとする研究スタイルを選ぶ人がいる。それは、「勉強になる」こととはいえるし、大学の中に身を潜める方法として「かしこい」ものであるのかもしれない。だが、そうすることで、「現場」で見出されたどうにも言葉にしたいリアリティを括弧に入れて棚上げしてしまうことになるのなら、もったいない気がする。

テキスト通り、マニュアル通りの優等生が、優秀な研究者になれるのかといえば、そんなことは全くない。既存の理論枠組みに従い、もっともらしい仮説をたてて、それをフィールドにおいて確かめる。そうした作業手順に正確に従って、何らかの事実が導き出されたところで、それを発見とは言わないだろうし「面白い」とも思われない。何らかの枠組みを踏みこえてしまう事実のみが、発見とみなされ評価される。では、発見を促す過剰な何かは、どのようにして生じるのだろうか。残念ながら、それは、どの教科書でも触れられていない。なぜならば、それは、教科書「以前」に、あるいは「外部」にあることだから。上に述べた言葉を使えば、どうにも言葉にしたいリアリティを感受してしまった個人的な体験から、過剰な何かは立ち現われるのである。つまり、こういうことはできると思う。科学的発見は――自然科学であろうが社会科学であろうが――、客観化のみからはもたらされない。では、私たちがなすべきこととは何なのか。

2.「観察する参与者」と「参与する観察者」

もう少し、「調査する」ことに関連したトピックを取り上げてみたい。参与観察という調査技法がある。調査者が調査対象である集団や社会の一員として持続的に参与し、その中で観察を行う手法のことをわざわざそういう。当事者に混ざって「自らやってみる」ことの効用は大きく、当事者の視点から日常的な事象の意味を解読し、当事者にとっての自明な世界を把握する上で有益な手法とされている。ここでのお約束の議論はだいたい次のようなものである。参与するということでその世界の人々の視点に立つというのであれば、どうやって客観的な観察者の視点を保てるのか。技術的にいえば、オーバーラポール（過剰な関係への同調）の状態に身をおくことで、客観的な視点を失ってしまうことになりはしないか。これは、「現場」をフィールドとする人々への疑念と同種の批判である。もうほんの少し手の込んだ議論は、参与と観察の矛盾として問題を構成するものである。観察者としてそこにいるということは、すでに日常から遊離した非参与者なのではないのか。原理的に、参与観察などありえないのだ。これらは、いずれも客観化を至上命題としてなされた批判であるということができる。

これに対して、私が考える参与観察擁護は、だいたい次のようなものである（これは、今では多くの社会学者のコンセンサスとなっているようにも思われる、多分）。人々にとっての平凡な出来事を凝視しフィールド・ノートを日々書きつける人が、「当事者の視点」で調査しているというのは言い過ぎで論外である。しかし、それでも、参与観察は、やらないよりはやった方がいい。最大の効用は、調査者が複数の異質な日常世界を行き来することによって、自身の視点を複数化することにある（もちろん、参与観察がそれへと確実に導いてくれるとは言えないし、参与観察だけがそれへの途である訳でもない。そこにはそうした機会がある、ということである）。当事者の証言はそのままでは事実にならないし――もしそうなるなら研究者などいらない――、研究者の視点は理論の都合によってあらかじめ切り詰められている。視点の複数化は、固定された関係性のもとで再生産されている知を書き換える契機であるのだ。

　発見を求められる私たちがなすべきことは、まずもって視点の複数化なのだ。なるほど、私たちは、客観化を強く要請されている。私たちは、狭い世界の住人であることを免れず、私たちなりの「当たり前」の世界に埋没しているからだ。だが、客観化が求められるのは、それ自体が目的なのではなく、偏見まみれの私たちに視点の複数化を促す上で有効であるからなのだ。あくまで主は視点の複数化であり、従が客観化なのだ。

　上述の議論の中では、参与＝当事者、観察＝研究者（非当事者）という図式がなぞられているが、実は、日常生活の中にも観察するまなざしはある。子どもであっても人をよく見ているということがあるものだ。参与観察をめぐる議論においては、「参与する観察者」にばかり焦点が当てられてきたが、参与者が観察者になる（「観察する参与者」）ことも当然にある。さらには、その観察するという過剰な振る舞いが、日常を、「現場」を、相対化・客観化した認識を生み出していくということは、大学の手を借りずともあることなのである。「参与」と「観察」の順序は、理屈の上ではどうでもよい。

あえて大学院への進学を考えるような「現場」をフィールドとする人々は、「観察する参与者」となってしまったがゆえに、どうにも言葉にしたいリアリティをもつ人々であるに違いない。これは、「参与する観察者」と同様に、視点の複数化の機会を与えられている状態にあるといってよいであろう。この立ち位置は大切に生かされなければならない。

この人々が大学院で学ぶということは、「客観」の名のもとに語られてきた言葉の体系、ものの見方が支配する世界――たとえそこが鼻持ちならない言葉遊びが繰り返される世界に見えようとも――において「参与する観察者」になる営為となるだろう。そこにおける「観察」とは何であるのか。フィールド・ワーカーは、当事者にとっての「当たり前」の行為や言葉をフィールド・ノートに書きつける。そうしたことは当事者には何の気なしに行われているのかもしれないけれど、実は、そのような行為や言葉が選びとられているには意味がある（理由がある、といってもいい）。そのような意味を、一つ一つ明らかにしていくことがフィールド・ワーカーの「観察」である。では、大学院における「参与する観察」とは何か。そこには、「現場」の実感からすれば何の役にも立たないような言葉が飛び交っている。だが、しかし、他でもなくそのような言葉があえて用いられているには意味がある（理由がある）。その意味を、一つ一つ明らかにしていくことがそこでの観察になる。「現場＝フィールド」における「観察する参与」と大学院における「参与する観察」の往還は、無理やりにでも視点を複数化させ、今まで見えていなかったように「現場」を見、論じることを助けるだろう。そうすることができれば、「参与観察」は成功したといえる。

「現場」をフィールドとする人々の中には、これまでの経験を「まとめる」研究をしようとする人がいる。だが、これまで述べたところからすれば、そうした構えは誤りであるといわねばならない。視点の複数化による発見は、「まとまった」認識とは別の認識を必要とする。もし、修士論文が、これまで培ってきたものの見方、考え方を正当化するようなものであったとすれば、それは研究としては失敗なのだ。

3.「書く」ということ

どうにも言葉にしたいリアリティがあって発見がある。それはそうだが、発見は、消極的には研究者集団に向けて、積極的には社会に向けて、発信されることが前提である。それが「研究」と「勉強」の違いといえるかもしれない。発信される、と書いたが、基本的に、研究者の場合、発信は書くことによってなされる。授業や講演やマスメディアにおけるコメントの類も、書くことによって予め準備されていて、それゆえに研究者は書くように話す。つまり、研究者の研究者としての言葉は、同質的な仲間内におけるコミュニケーションにおけるそれとは一線を画した、他者を説得するための書き言葉なのだ。そこでは、情緒的なコミュニケーションではなく、論理の積み上げが模索される。

先に参与観察を取り上げて、「観察する参与者」はいると述べた。しかし、日常生活にほとんどの場合欠けており、研究者の営みにおいては確実に存在するのが、観察することの前提となる書くという特殊な行為なのである。もちろん、日常の中に書くことを組み込んでいる人々は多いが、書くための観察を行う人はそういない。では、研究において――いや、研究であろうがなかろうが――書くとはどのような営みなのか。

私たちは、書くということにおいて、誰でもない私の立ち位置を明瞭にすることを迫られる。私たちは、当事者の代弁者ではありえない。いくら、書き手が当事者の一員であろうが当事者へのシンパシーが強かろうが、当事者が見るのとは違うやり方で見ようとする私たちは、当事者の心情とは異なる言葉の製造者である。もし、代弁者であろうとするならば、研究を放棄して当事者としてなにごとかを述べればいいだけのことである。代弁者ではないというそのことは、研究のもつ積極的意味を表している。作り出された新しい認識が直接間接に人々に触れることを通して、私たちの研究は、当事者による自己の相対化と社会認識の豊富化に貢献することができるかもしれない。代弁者気取りは、そうした可能性を拒絶するものである。

一方、私たちは、読者に媚びることも許されない。私たちが、誰を読者として想定するのかは多様である。恋人や子どもの顔を思い浮かべながら語りかけるように文章を書く人もいるし、恐ろしい指導教員の顔が脳裏から離れずその教員を読者として文をなんとかひねり出す人もいるだろう。あるいは、専門家向け、一般向け、大学一年生向けといった媒体の性質によって、文章が変わってくるのも当然である。そのように、書くにあたって想定される読者は、書き手によって媒体によって多様である。それはそれでいいのだが、私たちは、発見を認めさせようと書くのであるから、そこには説得の要素が孕まれることになる。発見は多くの場合読み手には知られていない。それを受け入れさせることは、猫なで声ではなしえない攻撃的な営為であるのだ。

一方に当事者がいて、一方に多様な読者がいる。その間に立って、当事者のものでも読者のものでもない、私の言葉を書きつける。製造責任はこの私だ。それが、私たちの立ち位置なのだ。いくら客観性を偽装したところで、書くということは、どうしようもなくポリティカルな営みである。当事者に対して、読者に対して、なじみのない認識を突きつけるのだから。それはもしかすると、どちらかの利害に背くことにつながるかもしれない。あるいは、誰かに嫌悪感や不快感を与えてしまうものかもしれない。そうしたことを見通して、確信犯として書くことが求められている、というべきかもしれない。

V　社会調査は嘘をつく

紀　葉子

1．はじめに

社会人大学院生の研究計画には「実証的な調査を実施する」ことを前提にしたものが少なくない。実際、調査を行って修士論文を執筆するものは多い。自らの社会経験を「科学化」して示すために最も効果的なツールとして「調査」を試みようとすることは評価できる。が、「調査結果」をして「真実」を語らしめんと単純に考えるのはあまりに社会学的ではない。むしろ、調査結果というのは、そのやり方によっては、しばしば現実を裏切るものであるし、偽りの社会的事実を構成することもあり得る。自らの研究仮説を立証するために社会調査を実践する前に、社会調査のもつ問題性を理解しておく必要があるだろう。

2．問いかけの技法

社会調査ときいて真っ先に思い浮かぶのは俗にいう質問紙を用いるアンケート調査であり、多くの院生が修士論文の執筆の際に実践する傾向がある。質問紙を作成し、対象者に配布し、書かれている質問項目に答えてもらい、それを統計的に処理することで「客観的」なデータが作成できると想定して行われる。その統計的な処理方法はコンピュータの演算速度の速さにつれて向上していると考えられているため、多くの院生は新しい「手法」の獲得を試みる。

重い「現実」と向き合いその分析手法に悩みながら仕事をしてきた社会人院生の目には統計調査に関連した新しい「手法」が魔法の杖のように映ることが少なくない。「新しい」調査手法でどろどろとした現実をすっきりとまとめてみたいと思うのは無理からぬことでもあろう。が、どんな「新しい」調査手法であっても、それはツールでしか無く、どんなに最新型のレーザーナイフであっても使う者の技術が未熟であれば対象を鮮やかに切りとることなど不可能であるように、新しい「手法」だからといって鮮やかに現実を切り取ることができる訳ではない。新しい「手法」を学ぶことは、それ自体として、有用なことではあるが、新しい「手法」を学んだからといって優れた調査ができる訳ではない。むしろ、重要なのは、自らが進めようとする社会調査の可能性とともにその限界を明確に認識することにある。

そもそもアンケート調査というのは日常会話ではあり得ない一方通行の対話形式であり、ともすると限りなく「尋問」に近い。相手にいきなり年齢や性別、現住所などを問うことができるのは職務質問中の警察官ぐらいで、日常会話においてその種の情報が欲しい時にはこちらの情報をも差し出すのが会話のエチケットであろう。初対面の人に対して、「こうみえても五二歳になったばかりなのよ。あなたはおいくつ?」と尋ねることはできても、「あなたは何歳ですか?」と尋ねるのはかなり失礼なことであり、回答を拒まれても仕方が無い。ましてや、「あなたの暮らし向きはどうですか?」「あなたは夫婦別姓についてどのようにお考えですか?」「あなたは現政権を支持しますか?」などといった質問を矢継ぎ早にされて丁寧に答えてくれるひとなど、まず、いないだろう。つまり、アンケート調査というのは、そもそもかなり偏った対話形式の上に成り立ち、質問者が一方的に回答を迫るというある種の「象徴暴力（la violence symbolique)」の行使以外の何ものでもないのである。

また、質問をする側は、回答はなされて当然というスタンスで調査票を作成する。自らの仮説を立証するために必要となる基礎的なデータを収集するために、自らにとっては「自明」なことは相手にとっても「自明」であることを前提に質問を考案する。「現政権」がどのような政策を実現しようとしているのか、あるいは、実現したのか、全ての人が等しく情報として共有している訳では必ずしも無いし、「夫婦別姓」について考えたことも無いような人に対してもそれについての評価を等しく求めてしまう可能性を有しているにもかかわらず、である。夫の姓に改姓してしまったら自らが開拓してきた顧客を失いかねない女性にとっての「夫婦別姓」と、お父さんとお母さんの姓が違ったらこどもは「可哀相」と想像してみる女性にとっての「夫婦別姓」とはその認識において大きな隔たりがあるが、統計調査においてはそのような問題が調査結果に反映されることはない。障がい者と共に生活する人にとっての「障害者自立支援法」と「自立支援」というのは聞こえがいいのでおそらくよい法律なのだろうと感じている「普通のひとびと」にとっての「障害者自立支援法」が同じではないように、アンケート調査などで問われるような対象については知識の偏りがみられると同時に利害が錯綜している場合が少なくない。社会学が問題にすべきはその知識の偏りや錯綜する利害状況であるはずなのに、統計処理はそれらをすべて平面的に処理してしまう危険性を有しているのである。したがって、新しい「手法」以前に、「いかに問うか」をしっかりと練る必要がある。実証的な社会学の伝統の原型のひとつを形成した田辺寿利氏の弟子であった藤木三千人氏は「調査票をしっかりと練り上げることができれば、調査は半ば終わったようなものだ」と語っていた。自らの調査に必要な項目を羅列して、ただ尋ねるだけではより良い結果は得られない。たとえば、調査対象者が尋問形式の問いに回答するのにどのくらい耐えられるのかを考えてみることだけでも、調査の行方は随分と変わってくるだろう。回答するために三〇分は要するであろう一〇〇項目にも上る質問票に、最後まで真摯に向き合える被調査者というのはかなり限定された対象であることは充分予測可能である。検証するために必要だからといって、質問項目をあれもこれもと盛込みすぎては必ずしも良い結果は得られない。調査票の作成に関してこそ、最も慎重でなければならないのである。たとえば、内閣府が一九九四年から五年ごとに行っている「基本的法制度に関する世論調査」によると日本社会では七割から八割のひとが死刑を容認しているとされている。世界的な人権意識の高まりからEUを中心に「死刑」が廃止される傾向が顕著であるなかで死刑を存置しているのは先進国としてはアメリカ合衆国と日本だけであるが、その日本では一九九四年には七三・八％であった死刑容認派は最新の二〇〇九年の調査によると八五・六％と増え続けている。[1] これを日本社会における人権意識の弱さとみることもできるかもしれないが、そもそも、この調査は死刑を容認させるような問いかけをしているのである。

面接調査者は調査対象者に「死刑制度に関して、このような意見がありますが、あなたはどちらの意見に賛成ですか」と問い、「どんな場合でも死刑は廃止すべきである」か「場合によっては死刑もやむを得ない」もしくは「わからない・一概に言えない」を選ばせる。一方に断固たる意志（「どんな場合でも」）を求めるのに対し、他方には多様な可能性をもたせる（「場合によっては」）というのは、必ずしもフェアな問いかけとはいえないだろう。視聴率を高めるためあるいは部数をのばすためセンセーショナルな犯罪報道合戦が繰り広げられるメディア状況において更正の余地など全くなさそうな犯人像が作り上げられるなかで、「場合によっては死刑もやむを得ない」と考えるひとが増えてゆくのは理解できる。実際には凶悪犯罪は減少傾向にあるにもかかわらず、報道の過熱化が正反

1　http://www8.cao.go.jp/survey/h21/h21-houseido/index.html

対のイメージを与えているなかでの調査であることを留意するならば、「どんな場合でも死刑は廃止すべきである」を選ぶにはかなり強い意志とマスメディアの情報を鵜呑みにしない高度なリテラシーが必要とされるだろう。このような問いかけのバイアスを調査者が意図せずにかけているのであればそれは未熟さを露呈していることでしかないが、意図してかけているのであれば「問題」である。内閣府の概要報告書で「『どんな場合でも死刑は廃止すべきである』と答えた者の割合が五・七%、『場合によっては死刑もやむを得ない』と答えた者の割合が八五・六%となっている」と価値中立的にまとめてみたところで、それは装われた価値中立でしかない。むしろ、社会学的には、「場合」による条件をなぜ付す必要があるのか、またそれを付すことの意味は何かをこそ問わねばならない。調査票を作るということ、すなわち、問いかけを考えるということはそれ自体ですでに社会学的分析の対象であることを、まず、理解する必要があるのである。

3. 新しい調査手法の罠

また、アンケート調査は、いかによりよい調査票を練り上げ、いかに調査の「方法」をグレードアップしても調査結果の分析の仕方によっては現実をミスリードする可能性も有している。電算機の性能の向上は必ずしも調査の正確さに比例しないし、次々に考案される目新しい調査の「手法」が新しい地平を開いてくれるとは限らない。

二〇一〇年、電通は電通リサーチと共同で「子どもの本音」に迫るためのインターネット調査の手法を開発した。「どっちカード」というヴィジュアルを用いてこどもにも回答しやすくするとともに親に「子どもの本音を引き出す5か条」を守って協力してもらうというものだ。親に子どもの代弁をさせるのではなく、当事者である子ども自身に回答させるので「子どもの本音」を捉えることができるとされているが、こうした「手法」の改革を試みたところで、分析者が自らの分析枠組みを押し付けているのでは「子どもの本音」には迫ることはできない。

ニュースリリース[2]の中で「ダンス、サッカー、野球は『自分の好きな』習い事だけど、勉強系はしかたなくやっている」と調査結果が分析されているが、統計データを見る限りではそのような断定は必ずしも社会学的にできそうもない。「いまやっているならいごとで、すきなならいごとはどれかな？」「いまやっているならいごとできらいなならいごとはどれかな？」と尋ねたところ、「ダンス」では九二・九％が、「サッカー」では八七・七％が、「野球」では八三・三％が「好き」と答えているのに対し、「学習塾」では四二・九％「通信教育」にいたってはわずか二七・二％しか「好き」とこたえていない。なるほど、この数字だけをみるならば、ダンスは好きだけど勉強は嫌いにみえなくもない。だが、ダンスを習っている者は調査対象者六〇〇名のうちわずか二八名、サッカー七三名、野球三六名と、そもそも「好き」な子どもしか習っていないという傾向が窺える。「ダンスやサッカー、野球が好きな子どもは習い事としてもそれらを好きな傾向がある」であって、子ど

2　http://www.dentsu.co.jp/news/release/2010/pdf/2010043-0421.pdf

もの好きな習い事がダンスやサッカー、野球であるとは必ずしも云えないだろう。また、「すきなおんなのこはどんなこ？」と尋ね、「スポーツの上手い子」「やさしい子」「面白い子」「顔が可愛い子」「頭が良い子」「ゲームが上手い」のいずれかを選ばせて、「高学年になると、男子は『顔がかわいい女子』が、女子には『おもしろい女子』が人気」と分析しているが、どの学年でも、男女ともに、「やさしい子」と回答している者がおおむね半数を超えており、最も「顔がかわいい女子」が好きだと回答した者が多い小学六年生男子でも、四八・〇％は「やさしい子」であるのに対し、「顔が可愛い女子」は二四・〇％とその半分に過ぎない。

にもかかわらず、高学年男子には「顔が可愛い女子が人気」というのはあまりに恣意的な分析といわざるを得ないし、ましてやプレスリリースで[3]「顔が可愛い子」と答えた女子がわずかに三・〇％であったことをあげ、「女子はかわいい同性が嫌い」と分析したのは明らかに調査主体による現実のねつ造であろう。担当者はその背景にねたみがあると分析し、「子どもの社会も大人と同じようだ」と嘆ずるが、そもそも六つある選択肢の中から「顔の可愛い子」を選ばない女子が「顔の可愛い子」をねたんでいるとする理由がさっぱりわからない。このような分析を「子どもの本音」とされたのでは、それがいかに「子ども手当」目当てのマーケティングのためであるとはいえ、子どももいい迷惑であるというほか無いだろう。

このような極端な例は珍しいにせよ、マスメディアで紹介される調査の多くはこのように調査主

3　二〇一〇年四月二一日に時事通信によって配信された記事も含め、現在は削除されている。

体にとって都合の良いように現実を構成したものが少なくない。社会学を学ぶということはこのような怪しげな科学を装ったドグマを見抜く力を身につけてゆくことに他ならないが、同時に、自らが調査主体になる際には、現実を自らの仮説に都合が良いように作り変えていないかどうかを絶えず自問する「性向（dispositon）」を習得することでもある。新しい「手法」、新しい統計技術だから今までに無い「現実」を把握することができるという思い込みは、調査者をデータの迷い子にしてしまう危険性と背中合わせなのである。

4．面接調査の陥穽

質問紙を用いての調査が少数意見を反映しにくく、統計処理をする過程でより重要な社会問題を見落としてしまう可能性があるため、質的調査を選ぶという社会人院生も少なくない。統計処理に用いる数学的知識に乏しいけれど、インタビューならできるという単純な発想もないわけではない。だが、インタビュー調査にもインタビュー調査ならではの落とし穴が潜んでいる。

ピエール・ブルデューは『ディスタンクシオン（*"La distinction"*）』をまとめる過程で実施した調査を後から見直してみて、調査者と被調査者の対面的相互作用状況における回答のゆがみの可能性を指摘している。身なりの正しい正調フランス語を話す調査者に「あなたはどのような音楽が好きですか？」と尋ねられたとき、被調査者はその「音楽」の中身を常日頃、自らがラジオで聴いているような流行歌ではなく、質問者が想定しているであろうクラシック音楽として「解釈」し、自らが知っている数少ないクラシックの名曲の中から「美しき青きドナウ」を導きだして答えた可能性が少なくない、と。ブルデューは、最も評価していた社会学者であるアーヴィング・ゴフマンの役割論を社会調査の場面にも適用した。対面的相互作用領域において人は自らに与えられた役割を察知してその役割にふさわしく演技するものである。人は社会生活を営む上でさまざまな社会的な役割を割り振られ、その役割にふさわしいようにふるまう。これはインタビュー調査の場面においても考えられることで、被調査者が自らにふさわしい役割を調査者の期待にこたえる（あるいは裏切る）ように演じることは否定できない。このことは、たとえば介護認定の際に、本当はできないことでもできるように演技してしまい実際よりも要介護度が低く判定されてしまうようなケースや、その逆に過剰にできないことをアピールして介護度を上げようとするふるまいにも共通することである。対面式の調査だから対象者の心の機微がわかるというインタビューの達人になることは決して容易ではない。むしろくりかえし何度もインタビューを試み、その経験を身体化してはじめて可能になることであり、技能の取得だけで可能となる統計調査を駆使するよりも難しいことも少なくない。[4]ではそもそも短期間で社会調査を成功させることは不可能なのだろうか。不可能だと決め

4　ブルデューは対象者の言葉を「理解する」ためには繰り返し何度も同じ対象者に、異なる社会属性をもつものがインタビューすることが望ましいと提案した。詳細は『理解する』あるいは社会分析（socio-analyse）とは何か?――一九九三年一〇月九日の東洋大学における講演――『東洋大学社会学部紀要』第六〇集、二〇〇〇年一二月を参照のこと。

つけることはできないが、社会調査というのは成功するよりもむしろ、失敗に終わる可能性のほうが極めて高く、むしろ失敗からこそより多くを学べるものでもあることに思いを致す方がよいかもしれない。

5. おわりははじまり

したがって、調査をしたということは研究をし終えたことを必ずしも意味しないし、むしろ、調査こそ研究の始まりなのである。そもそも調査をすることで社会の真実が切り取れるのであれば、わたしたちの社会はその調査結果をもとにもっと理想的なものになっているに違いない。複雑な利害のからまりあった社会の中で単純につかみとれる「真実」など存在しない。調査の結果について複眼的にその分析の可能性を探り、幾たびもその結果を見直してゆく作業こそが肝要なのである。調査をしたら「わかる」のではなく、調査をすることによって研究の深き森に踏みこむと考えてほしい。わかりやすい現実だけを切り取って単純化して「わかったつもり」になるのではなく、複雑なるものを複雑なるままに理解するよう試みることにこそ社会学の神髄があるのである。

VI 調査・研究の倫理

高山　直樹

1. なぜ調査・研究に倫理が必要なのか

研究したいことと、適切な研究テーマであることは必ずしも一致しないことがよくある。これまでの経験や実践のなかで、関心や疑問を持つことは、研究を始める動機として大切なことである。しかしその動機そのものは、自らの人生や生活において、社会に密接に関わってきた結果によるものであり、自らの価値（観）に基づくものであるということをまず認識する必要がある。その自らの価値は、当然個人として尊重されるべきものではあるが、調査・研究においては、その価値が優先されてしまうという危険性が常に付きまとうことでもある。それはややもすると自らの利益を充足するために論文を書くことになり、調査・研究の対象（者）に不利益を被らせることにつながりかねないという、諸刃の剣となることを意識しておく必要がある。

調査・研究結果は、当概論文の分野のみでなく、広く一般に認識され、寄与するものでなければならないという使命を持っていることから、その調査・研究においての方法や内容に一定の条件が必要であり、倫理性が強く求められる。

具体的には、以下の要件が必要とされる。

①客観性：調査・研究は、社会および福祉の諸分野や人々に還元できるものでなければならない。よって自らの研究分野や領域において、現時点では何が問題なのかということを自らの経験や先行研究から客観的にとらえていかなければならない。

②独創性：自らの研究分野や領域において、何がどのように解決される必要があるのかという切り口を見つけ出さなければならない。

③倫理性：調査・研究対象の人々は、調査・研究の協力者ではないことを認識し、調査・研究により被る不利益や危険性を抑制していく配慮を行わなければならない。

客観性が高くても、独創性が低い場合は、研究そのものの貢献や評価は低くなり、独創性が高くても客観性が低い場合は、自己満足的な研究となる。最も気をつけなければならないのは、客観性および独創性が高くても、倫理性が低い場合は、調査・研究対象の人々の権利を侵害することになることである。

2. 研究における倫理の原点――研究は諸刃の剣

研究における倫理の起源は、医の倫理がある。紀元前四世紀の「ヒポクラテスの誓い」があり、これが医療者としての医師の倫理の起源とされている。この誓いは、現代の医療やヒューマンサービスにおいても十分通用するものである。

私はすべての神様に次の約束を誓います。
この医術を私に与えて下さった先輩を私の親の如く尊敬します。必要があれば、私財を分けてでも助けます。先輩の子孫は兄弟の様に面倒見、彼らが学ぶことを希望すれば無料でこの医術を教えます。私の持つ医術の知識は書籍や講義を通じ、先輩の息子、また医の規則に基づき約束と誓いで結ばれている弟子らに教え、それ以外の誰にも教えません。私は患者さんにとって有益な治療法を選び、有害な治療法は決して選びません。仮に頼まれても、死に導くような薬は与えません。同様の理由から、人工流産に導く道具は使いません。純粋かつ神聖な気持ちで私の生涯を貫き、治療を続けます。男女や職業の差別は決して致しません。医業を通じ、通じないに関わらず、他人の私生活についての秘密は守ります。この誓いを守り続ける限り、私はいつまでも人の治療を楽しみつつ生き、人から尊敬されると思います。もしもこの誓いを破れば、その反対の運命を辿る事を覚悟します。(http://www.hospi.ne.jp/hipo/index.htm 高橋基文翻訳参照)

ヒポクラテスは紀元前四六〇年頃から三七五年頃のギリシャの医師であった。当時、医術の数々の偉業を成し遂げると同時に医師としての倫理観を確立した。しかし医療の発展と共に、この誓いは薄らいでいくことになる。

たとえば、一八世紀頃にはジェンナーによる種痘、パスツールによる狂犬病ワクチンの研究に人体実験が用いられるようになり「ヒポクラテスの誓い」における、医療者の倫理観だけでは、臨床研究に対応することはできなくなった。

また生理学者ベルナールは、一八六五年に著した『実験医学序説』(岩波文庫、一九七〇年)に、「生物体の調和的統一という見解を見失って生理的分析を行なうことは、生命の科学を誤解し、生命の特徴を全く傷つけることになる」とし、さらに「たとえその結果が科学にとってきわめて有益、すなわち人々の健康に役立つことであっても、被験者にとって害にしかならない実験は決して行ってはならない」と述べており、研究者の全体的視点と倫理観を強調しているが一方で、「(死刑囚に対する実験は）何らの苦痛を与えず、何らの不都合をも引き起こさない限り、十分許されてよい」、「いかに動物にとって苦痛であり、また危険であろうと、人間にとって有益である限り、（動物実験は）あくまで道徳にかなっている」とも述べており、諸刃の剣であることを物語っている。

二〇世紀に入ると臨床研究は、大量の被験者が必要とされ、研究成果は必ずしも被験者の利益に結びつかなくなった。むしろ医学研究やその発展には、大量の被験者の人権を侵害することになっていく。そこに第二次世界大戦が勃発した。軍事医学的な研究が、さらに多数の被験者を求め、ナチス・ドイツでは、優生学に基づき、強制収容所のユダヤ人が人体実験の犠牲となった。日本の研究機関である満州の「七三一部隊」では、戦争捕虜の人々が、生物兵器開発などを目的とする生体実験の犠牲となったといわれている。また、広島・長崎への原子爆弾の投下は、マンハッタン計画における人体実験ととらえる説もある。

このように科学の発展は、近代戦争のなかで、人類の存在を脅かすものにつながっているということである。ゆえに歯止めをかける、あるいは正しい方向に修正するという意味での倫理の位置づけは重要になってくる。

一九四七年のニュールンベルク裁判では、第二次世界大戦のナチス・ドイツによるユダヤ人に対する虐殺、人体実験などが、反倫理的、反社会的な犯罪として裁かれ、ニュールンベルク綱領(Nuremberg Code)が規定され、研究目的の医療行為（臨床試験及び臨床研究）を行うにあたって厳守すべき一〇項目が基本原則として示された。これは、医学的研究のための被験者の意思と自由を保護するガイドラインである。特徴的なのは、研究における被験者の権利を擁護するものであり、被験者に知る権利・拒否する権利・自発的同意等が保障されている。

1．被験者の自発的な同意が絶対に必要である。

このことは、被験者が、同意を与える法的な能力を持つべきこと、圧力や詐欺、欺瞞、脅迫、陰謀、その他の隠された強制や威圧による干渉を少しも受けることなく、自由な選択権を行使することのできる状況に置かれるべきこと、よく理解し納得した上で意思決定を行えるように、関係する内容について十分な知識と理解力を有するべきことを意味している。後者の要件を満たすためには、実験対象者から肯定的な意思決定を受ける前に、実験の性質、期間、目的、実施の方法と手段、起こっても不思議ではないあらゆる不都合と危険性、実験に参加することによって生ずる可能性のある健康や人格への影響を、実験対象者に知らせる必要がある。

同意の質を保証する義務と責任は、実験を発案したり、指揮したり、従事したりする各々の個人にある。それは、何事もなく他人任せにはできない個人的な義務であり責任である。

2．実験は、社会の福利のために実り多い結果を生むとともに、他の方法や手段では行えないものであるべきであり、無計画に、あるいは無駄に行うべきではない。

3．予想される結果によって実験の遂行が正当化されるように、実験は念入りに計画され、動物実験の結果および研究中の疾患やその他の問題に関する基本的な知識に基づいて行われるべきである。

4. 実験は、あらゆる不必要な身体的、精神的な苦痛や傷害を避けて行われるべきである。

5. 死亡や障害を引き起こすことがあらかじめ予想される場合、実験は行うべきではない。ただし、実験する医師自身も被験者となる実験の場合は、例外としてよいかも知れない。

6. 実験に含まれる危険性の度合いは、その実験により解決される問題の人道上の重大性を決して上回るべきではない。

7. 傷害や障害、あるいは死をもたらす僅かな可能性からも被験者を保護するため、周到な準備がなされ、適切な設備が整えられるべきである。

8. 実験は、科学的有資格者によってのみ行われるべきである。実験を行う者、あるいは実験に従事する者には、実験の全段階を通じて、最高度の技術と注意が求められるべきである。

9. 実験の進行中に、実験の続行が耐えられないと思われる程の身体的あるいは精神的な状態に至った場合、被験者は、実験を中止させる自由を有するべきである。

10. 実験の進行中に、責任ある立場の科学者は、彼に求められた誠実さ、優れた技能、注意深い判断力を行使する中で、実験の継続が、傷害や障害、あるいは死を被験者にもたらしそうだと考えるに足る理由が生じた場合、いつでも実験を中止する心構えでいなければならない。

(http://med.kyushu-u.ac.jp/recent-fukuoka/houki-rinri/nuremberg.html)

さらに、一九六四年には、第一八回世界医師会で「ヘルシンキ宣言」が採択された。宣言では、医学実験や研究における被験者へのインフォームドコンセントが必須条件となり、その後何度かの修正を重ね、被験者の権利の擁護が厳しく求められるようになった。

3．ヒューマンサービスにおける価値・倫理・専門性

研究を行うことは、当該分野や領域の専門性が伴わなければならない。いわゆる専門職と呼ばれる職業には、倫理綱領が存在することが、専門職としての成立条件の一つである。専門職と承認されてきたものの多くは価値が基盤になり、その価値を具現化するために倫理が必要であり、行動規範としたものが倫理綱領である。

なぜ倫理がそして倫理綱領が必要なのかというと、特にヒューマンサービスといわれる左記の専門職の業務を比較していくと明らかになる。これらの専門職は、人間に関わる対人援助の専門職である。専門的知識、技術を人格的信頼関係のなかでサービスを提供していくことにその特徴がある。さらに人間の「弱さ」に関わる専門職であるといえる。

法曹専門職：社会的弱さに関わる専門職

医療専門職：肉体的弱さに関わる専門職
聖　職　者：精神的弱さに関わる専門職
福祉専門職：生活的弱さに関わる専門職

したがって専門職は「弱者」の立場からとらえると専門的権威を持った「強者」という立場になる。昨今の福祉施設の権利侵害や医療過誤等の事件をみてみると、まさに「強者の立場を利用して、弱者につけこむ」といった関係が容易に見て取れる。専門職は立場的に権利を侵害しやすいということである。そこで登場してくるのが倫理である。

専門職（profession）は、その語源が動詞の宣言する、告白する（profess）である。したがって、倫理綱領とは、「専門職が強者であることを自己覚知し、弱者である人々につけこむことは絶対にしない」という決意を宣言したものなのである。

このようにこれらのヒューマンサービスにおける調査・研究の場合には、直接的あるいは間接的に調査・研究対象者が存在するのであり、専門職としての倫理綱領を基盤に置きながら、加えて調査・研究における倫理（綱領）を遵守する必要がある。

4．学会における研究倫理指針

各学会には、倫理綱領や研究倫理指針があり、それぞれの学会に属したことによりその綱領や指針を遵守していくことが求められる。例えば、「日本社会福祉学会研究倫理指針」（http://www.soc.nii.ac.jp/jssw/ 参照）を見ると、一一の指針内容に分類されており、論文作成（引用・調査等）や口頭発表等に当たってての指針となっている。また「日本社会学会倫理綱領にもとづく研究指針」（http://www.gakkai.ne.jp/jss/about/shishin.pdf 参照）では、学会員が学生や大学院生の教育指導にあたる場面に重点をおいている。特に統計的量的調査と記述的質的調査における配慮事項が強調されている。

これらの研究倫理は、研究者が研究・調査・発表においてのすべての過程に守るべきとされる倫理のことである。特に「人に対する実験・調査等」は、人体実験や心理実験はもとより、人間を調査対象者・協力者として行われる情報収集などの段階における研究上の行為のことであり、人間を対象とする実験・調査は、研究一般の中でも、研究者本人以外の「人」を研究活動に巻き込むことになるため、特別の倫理的配慮が必要とされている。

5．調査・研究における倫理的問題と配慮

これまでみてきたように、調査・研究は、学位取得に偏り、研究そのものが至上的になると、調査研究協力者は研究目的のための「道具」にすぎなくなり、その対象者の人権やプライバシーを侵害してしまうことを繰り返し述べてきた。

したがって以下に、倫理的問題が発生しやすい状況と倫理的な配慮に関して考えてみる。

研究目的

自己満足の研究ではなく、明確な目的を持ち、当該分野の向上への寄与、貢献、利用者へのアドボカシーにつながる研究でなければ、それ自体が倫理的でない研究となってしまうことをまず自覚する必要がある。自らが研究しようとする動機と自分自身を客観的にとらえ、指導教授としっかりと協議することが求められる。また院生同士のフィードバックも自らに気づく意味で有効である。また、研究を行うとは「無知の自覚」が前提になければならず、謙虚な姿勢が求められる。

倫理審査委員会

調査・研究協力者が協力を同意したとしても、倫理的に許容しうるのかという問題が発生する。したがって倫理的問題、法的課題、リスクなどを客観的に検討し、審査することが必要となる。その機関が倫理審査委員会であり、提出された研究計画書を審査する。この委員会は、大学院等の研究を行う機関の長の諮問機関として設置された合議制の機関である。人を対象とする調査・研究においては、必ずこの委員会の審査を通さなければならない。

研究方法

研究目的が達成され、仮説を証明するために、科学的に正しい結果が得られることが肝要になる。そのためには目的、仮説を立てると同時に、どのような研究方法（文献研究、量的・質的調査等）が適しているのかを吟味する必要がある。研究方法が不適切な場合は、誤った結果が得られるということにつながり、これは当該分野や調査協力者にとって、不利益を与えることになりかねない。また実現可能性の低い研究計画は、研究協力者に無意味な負担をかけるに過ぎず、倫理に反することになる。

倫理的な配慮を要する調査研究対象者

調査・研究の対象者の選定として、倫理的な配慮が必要となる対象としては、子ども、障がい者、高齢者、患者など、判断力との関係で、意思確認が難しい人たち、また利害関係、従属関係などにより、調査・研究協力を断ることが難しい対象者である、上司と部下、担当職員と利用者などがあげられる。

また福祉の問題に直面している利用者や家族に、意識調査を行うことにより、職員との関係性や支援に悪影響が出てしまう可能性がある対象者などにも注意しなければならない。

上記のような対象者に関しては、調査・研究の協力において、意思の確認、プライバシー保護、インフォームド・コンセントが求められ、研究の目的、過程、方法および研究協力により、不利益が被らないことを明示している必要がある。

インフォームド・コンセント（調査・研究の説明と同意）

調査・研究に協力するかの決定は、それぞれの組織や個人の自由意思によらなければならず、研究協力への丁寧な依頼が必要となる。そのときに、協力者に対する説明を行い、研究協力への同意を得ることが原則となる。説明は、当該対象者にとってわかりやすい説明でなければならず、特に前項の対象者においては、説明自体に工夫が求められる。

また研究に協力するかの決定は、自由意思によるが、研究者との関係性から、圧力や強制、交換条件などで協力をせざるを得ない状況になってしまうことは、避けなければならない。非協力や途中での協力の辞退となったとしても不利益を被らないことを確認するためにもインフォームド・コンセントが必要となる。したがって研究過程における研究者の誠実さが求められる。それは研究協力者の人権、具体的にはプライバシーの権利、自己決定の権利、幸福追求権などの諸権利を擁護するものでなければならない。

具体的には以下の原則がインフォームド・コンセントに求められる。

①研究協力候補者の説明の理解度、体力、状況および研究者との関係性などのアセスメントを行い、説明の場所、時間を配慮する。
②研究協力候補者の理解しやすいことばを使用、視覚的工夫を行い、わかりやすい説明を行う。
③研究協力候補者が理解、納得するまで丁寧に根気よく説明を行う。
④研究協力の拒否や辞退の機会を十分に保障する。
⑤威圧的および儀礼的な態度は慎む。

調査および公表

研究調査協力者のプライバシー保護の具体的保証を行うとともに、調査時においての記録方法についての同意が必要となる。録音、ビデオ撮影の場合は特に配慮が求められる。また記録等の閲覧の許可（本人、家族等）は文書等で、確認をしっかり取っておくことが必要であり、結果の公表は、同意が必要と同時に、対象者が特定されてしまうことの防止に充分な配慮が必要である。

以上、調査・研究の根幹に倫理、すなわち研究者の価値・姿勢そして使命が存在する。社会人大学院生は、強い想いで研究に取り組んでいる。その想いが真に社会に還元する研究となりうるために何のため、誰のための研究なのかという自らの足元を再確認してほしい。

終章　社会経験を通じて鍛えられる知

松本　誠一

1．学校と社会

「学校を出て社会人になる」という。卒業式の常套句である。学校と社会を分けて対比して使う典型的な用例である。この用例は、「社会」という語の使い方として、社会学的ではないと考える。これは明治以来の文部省で、その管轄する日本の教育を「学校教育」と「社会教育」とに分けてきたことに由来するのだろう。学校教育は児童・生徒・学生を対象とし、「社会教育」は社会人、そして学校外での青少年を対象とした。

この用法は入試業界にも受け継がれている。小・中・高の学校教育課程を経てきた人を対象とする「一般入試」と、社会人を対象とする「社会人入試」とに分ける。しかし、これは入試業界に特殊なスラング（業界用語）である。普通「一般人」と言うのは「社会人」「おとな」のことで、学生・生徒を「一般人」とは言わない。大学入試では、これまで、社会人より、高卒資格の受験者数が多かったから、多い方を「一般入試」と言ってきたのであろう。

社会人が学校に入って学生になると、その学生は「社会人学生」と呼ばれる。しかし、大学で夜間課程の学生に接してきた経験から言うと、「一般入試」を経て高校生から直接上がってきた学生の中にも働きながら通学している学生がいる。授業料・生活費・国民年金掛金をすべて自力で払っている学生は「社会人」ではないだろうか。

卒業式で社会人学生に対しては「学校を出て社会人になれば」と言うのは相応しくない。しかし、相変わらず、この常套句で祝辞を述べる人がいる。「学んだことを新しい人生に役立てて下さい」と言うのが妥当であろう。

人口構成と産業構造の変化により「生涯教育」の比重が増してきた。社会教育の場だけでなく学校教育でも「生涯教育」を担うようになってきた。社会人学生の比重が増してきている。

2．研究生活の喜怒哀楽

異業種交流

社会人大学院は、分野により同業種の人々が集まるという研究科・専攻もある。一方、いろんな職種の人が集まるところもある。同業種同士でも職場が違えば、その交流の中で異業種交流の場ができる。

同じ業界の同じ専門用語でも、職場が違えば、別の意味で用いられているのを発見することもある。仕事上、普段は連携を取り合っている異業種同士でも、通常は必要な言葉のやり取りで終始するだけであるのが、ゼミや授業外の場で、相手の業務の目に見えない部分の仕事内容まで聞けたりすると、それ以降の職務上の連携にもより深い理解を持って臨めたりするようになる。

社会人にとって異業種交流・多業種交流の場に身を置くことは、業界用語の世界を脱して、より普遍性のある言葉を獲得していく機会となる。それだけでなく、論文作成に必要な社会調査の実施に際して、学友から「私の職場に協力を頼んで良い」と、道が開けることもある。新しい職場に転職する紹介を受けるということも起こる。ハローワークの代用を期待されて社会人大学院に入学されても困るが、そういうこともあり得る。

ただし、異業種交流が楽しくなって、それに没頭し、研究課題を忘れてしまっては困る。

異世代交流

社会人大学院は学生の年齢構成の幅が広い。一番若い人で、二〇代前半。一方、六〇代・七〇代の年齢の学生もいる。親と子以上に年齢差が開く場合もあるが、お互いに学生同士の同じ立場である。

文化人類学の用語に「冗談関係 joking relationship」「忌避関係 avoidance」というのがある。親は子どもを一人前になるようしつける責任があるため、よく叱るので、子は親を忌避するようになる。それに対して、祖父母はその直接的責任から免れているので、孫に冗談を言い、可愛がる。子どもは祖父母と一緒にいるのが楽しくなる。親子間に忌避関係、祖父母と孫との間に冗談関係が生じるという。

義務教育は親から子を引き離して優良な国民形成をするという一面があり、教員と生徒の間も忌避関係が基本となる。子どもの社会化にとって、しつけだけでは緊張ばかりになるので、それを緩和する冗談関係があることが子どもを追い詰めないために大事である。育児書では核家族の親に「時には厳しく、時には優しく」の両方が大事と教えるが、子どもは同じ人が時により態度を変えるので、わけが分からなくなる。

同級生としての異世代関係では、年長者は若者を育てるという責任から免れていると構えた方がよい。年長学生は若者に小言を言わねば、という責任感を放棄してよい。同級生同士という関係の持ち方を基本にして、限りのある時間、研究遂行に気を使う方がよい。

業務上知りえた秘密・個人情報の扱い

社会学・社会福祉学でも文化人類学でも、事例的研究となれば、研究対象一人ひとりの具体的情報を検討しながら、事象研究を進めていくことになるので、「職業上知りえた秘密の守秘義務」や個人情報保護、プライバシー保護の問題の扱い方は、間違えると責任を問われることになりかねない。

職場で当面している問題を解決するのに役立つと思われる研究課題、研究計画を立てた場合、その職場だから知りえた個人情報を研究材料として使用することを認めてくれる職場もある。ただし、これは研究主体となる人と職場との間に信頼関係がなければ認められないだろう。ことは研究者の倫理に関わるので、このような調査研究をする場合は、研究科内の当該委員会で審査を受け、計画に不適当な点があると判断されれば、改善を求められる。

コンピュータ・トラブル

近年、手書きの修士論文というのは、まったくと言ってよいほど見なくなった。論文に引用注・参照注・説明注を付けるのに、本文の該当箇所に注番号を入れ、文末に注の本文を書き込む。見直して、さらに注を加えたり、削ったりすると、注番号を繰り上げたり、繰り下げたりしなくてはならないが、手書きでは大変な作業になる。これがコンピュータでは、広く使われている文章作成アプリでも、簡単に修正ができる。間違って使っていた用語を直す際も、検索機能を使えば、すぐに探し出して、適切な用語に置き換えができる。コンピュータは便利な道具である。

初心者は操作法に馴れていくのに、試行錯誤の時間が続くが、一つ一つ覚えて、上達しているのが分かるので、苦にはならない。コンピュータを使い始めると、奥が深く、それをすべてマスターしようとはせず、論文作成に最小限必要な機能を使えるようになれば良い、と考え、さらに余計な時間を消費しないように。もっと大事なのは、研究課題に関係する専門論文を読み込むことに時間をかけることである。

論文の仕上げ段階に入って、追い込みだという時に、データを入れてあったコンピュータのハードディスクが壊れる。製本用にするプリントをしている間にインク切れとなり、年末年始で近くの業者が休みで補充インクが買えないという困った事態に直面することがある。パニックに陥る。こういう時に相談相手になってくれる人をもつことが大事である。こういうトラブルの経験者が、その時どう対処したか、聞くこともできるかもしれない。ともかく冷静になって、期限まで残された僅かな時間内にどうゴールインできるか、考えるべきである。

3. 社会人が研究するにあたって五つの壁

壁はある。壁に面したとき、回避方法はいろいろあるはずと探ってみよう。壁の向こう側に行くには、壁を乗り越えるという方法だけではない。壁の下を掘って、くぐって行くという方法、壁を壊してしまうという力業、壁にドアをつけてしまうという方法など、いろいろな手立てがあるだろう。何を言いたいかというと、簡単にはあきらめないで、ということである。

逆境はそのままで、その中で学業をやり遂げてしまった先輩たちも少なくない。

経済力

現役で高校生から大学生になった場合、入学時は家計に余裕があったとしても、主たる家計の支持者であった親が、病気・事故で急死したりして、学業途中で家庭からの学費支援を見込めなくなることはよくある。それが大学院生となると、多くの親は定年退職して、家族に学資を頼れなくなる現役学生の比率はさらに高くなってくる。

川柳に「親のすね、かじる息子の歯の白さ」というのがあるが、親が年金生活に入っているのに、そこから学資の一部をもらおうというパラサイト（寄生）学生については「親の杖、かじる息子の歯の硬さ」とでも言おうか。

しかし、社会人大学院生ともなれば、自ら収入を得ている。ただ、日本の学費は安くない。国公立の学費も私学並みに高くなってきた。自分の収入、蓄えだけでは心もとないかもしれない。

海外の大学を見ると、高等教育の学費は日本に比べかなり低額であるとか、過半数の学生に奨学金が行き渡る例をあれこれ聞く。カナダのある学会で発表者と話をしたとき、その人は四〇～五〇代に見えたから、どこかの大学の研究者かと思ったら、意外にまだ大学院生であるとのこと。もう少し、尋ねたら、元漁業労働者で、漁船事故により負傷し、仕事を続けられなくなったので、大学院に入ったという。学費負担を心配して尋ねてみたが、学費は低額で済み、大学院生となるのに特別に経済的側面での心配はないようであった。

それに比べて、日本ではお金のかかること。奨学制度の乏しいこの環境の中、何としても学費と生活費、保険料を自力調達しなくてはならない。修士論文は二年で誰でも書けるというものではない。もう一年、あるいはもう二年と余計に学費を払い続けることになるかもしれない。

産業構造・社会構造は急速に変わるので、新たに労働需要が拡大する分野の良質な働き手を早めに養成する、というのは国家的責任が問われる事業である。この意味で社会人教育と社会人学生への奨学制度をもっと手厚くするというのは、国として、地方分権の流れの中では地方として、もっと積極的に取り組んでもらわなくてはと思う。

奨学制度の現状としては十分ではないけど、大学独自の制度や公募されている制度などがあるので、探し出して活用し、少しでも楽になるようにしたい。

厚生労働省では「働く人の主体的な能力開発の取組みを支援し、雇用の安定と再就職の促進を図ることを目的とする」教育訓練給付制度を実施しており、これに合致する教育機関・科目であれば、申請することを検討してみるとよい。

家庭の支援

家庭を持つ社会人が大学院に入りたいと家族に表明すると、賛成してくれる場合と、反対される場合とがある。子どもがいなかったり、子どもが成長して手がかからなくなっていたり、家族介護を要する身内がいなかったり、家族周期上、ちょうど余裕があるから賛成してくれる。「夫元気で留守が好い」と、家にいる時間をなるべく少なくして、と思われていたり、貯蓄を減らすけど、第二の人生への投資だと割り切ってくれたり。賛成してくれる場合は、気兼ねなく、進学を選択できる。

反対に子どもが幼くて目を離せない時期、子どもに教育費がかかる時期、家族介護に家計を回す必要がある時は、反対されるのが普通かもしれない。賛成されても、通学するのに後ろ髪引かれる思いであったりする。

経済的に支障はなくても、家族周期上の問題はなくても、通勤に加えて通学で不在時間が長くなるので、家族と過ごす時間を減らさないで欲しい、という理由での反対もあるだろう。家にいても勉強ばかりして、相手にしてくれない、という不満が家族につのる場合もあろう。そこは心配りを怠りなく。

社会人学生が家庭の事情で休学する場合、自らの出産、家族介護というのが多いようである類似の経験を有する社会人学生は決して少なくなく、うまく出会うことができれば最適な助言も得られるだろう。

年齢と体力

脳細胞は二五歳頃まで増殖し続け、その峠を越えると、減るばかりだという。その年齢までの間に勉強して頭に叩き込んでおくというのが、年齢上の一つの目安であるが、社会人となると、脳細胞数の下り坂で勉強するということになる。勉強するには遅すぎないか。勉強して身につくか。

学者の世界を見ると、非常に若い時期に大きな成果を上げた例の多い分野と、中年・高齢になっても成果を上げていく分野とがある。シュリーマンが発掘をはじめたのは四八歳から、伊能忠敬が学問の師匠についたのは五〇歳からで、それから発掘や、測量を始め、こつこつと積み重ねて成果を上げた。若くなければ駄目というものではない。

根気よく時間をかけて、一つの目標に向かってこつこつと積み重ねていく努力が大事で、さらにこの間、持続する健康というのも大事である。中高年になれば、多かれ少なかれ身体のどこかにガタが出始める。何らかの病気をかかえながら、研究に向かう人も少なくない。身体と心の養生を説いた『養生訓』を著した貝原益軒は、七〇歳で藩の役務を退いて、それからたくさんの著述に打ち込んだ。

日本の博士論文は国会図書館と関係大学の図書館で保管されているので、かつて手書きで作成されたものを実見してほしい。四〇〇字詰め原稿用紙を清書するのに、一日一〇枚で仕上げるとすると、数百枚の清書が終わるのに何日を要しただろう。最初の頁から最後の頁まで乱れのないペン文字の筆跡を見ると、著名な書家の作品ではなくとも深い感慨を覚える。

最後の推敲をしながら、清書に専念している間、他の仕事も家事も行なわず、であれば、長時間同じ姿勢を続けて、腰痛がでたり、視力を失うようになったり、ペンだこで指が激痛を覚えるようになったり、栄養のアンバランスによる身体の変調が現れてもおかしくない。運動選手のような体力が必要なのではなく、不調にならないよう身体能力をコントロールする力が大事である。手書きの博士論文を見ると、学問をするには体力が大事だということが分かる。
コンピュータで論文作成し、プリンタで印刷する現在は、その時代に比べるとずいぶん楽になったと思えるが、それでも画面を凝視し続けると、視力を損ないがちである。

職場の支援

社会人学生を奨励する職場にいるのであれば幸いである。建前としては奨励しているが、実際には、同僚の勤務時間シフトとの調整がうまくいかなかったりする。また、同僚・上司が急に退職し、補充人事がすぐに実行されない場合、穴が開くので遠慮せざるを得ない事態になったりもする。

職場では社会人大学院に入ることが賛成されないので、内密にして学ぶ人もいる。職場では夜間課程に進学したことが、突出した行為と思われたのか、いわれのない反感の目で見られるようになった、という場合もあった。以前、社会人入試の出願書類中に上司の推薦書を含めてあったが、上司に推薦書を依頼できない状況もあるということで、その後、上司の推薦書を外すように入試制度を改めたような大学もある。

職場の後押しがバネになったり、反対に逆境にいることで、研究課題とその解明の重要性を孤高の中で信じて、やり遂げようという信念を固める。逆境がバネになるということもある。

経験

社会人の長所は職業、活動を通じて経験を有していることである。

分業社会では、他人がどういう仕事をしているかよく分からない。自分の職業の詳細を他の人々に伝えるインサイド・レポートが、社会各部門から続々と出されることが、複雑な社会の現状を知り、その将来を計画しなおす際に、必要な資料になる。

しかし、職業人は多忙で、なかなかそれを実行できず、専門職としての研究者が代わって、社会調査を通じて、社会の一局面を明らかにしていくが、社会の大きさに比べ研究者の少なさによる限界がある。

調査者は自らその職業を体験したわけではないので、その報告を当該職業人が読むと、外部から観察することの限界を覚えたり、研究者の視野にさえ入らなかったことを思い浮かべたりする。この点、当の職業人が自覚的に、その職業のモノグラフを作成することに、大きな意義があると言えよう。

ただ、体験を通じて、よく分かっているのだが、それをうまく言葉で表現できない、文字に置き換えられない、という壁にぶつかる。経験で知ったこと、経験知を暗黙知ともいう。

その業界、職場の専門用語（スラング）で普段語っていることを、同僚なら言葉に出さなくても分かることを、他業種の人々にも理解してもらえる言葉に置き換えていくには、どう表現すれば良いか。論理的に通用する学術用語（ターム）を修得し、それを駆使して、社会科学的な論文が書けるように勉強するしかない。

学問に王道はない。一つ夕ネを習い覚えれば、何でも書けるようになるというものではない。次々と学ばなければならないと思える概念が視野に入ってくる。しかし、忙しくて、それを次々と勉強する時間が取れないときもあろう。勉強できないときは、「勉弱」でも構わないから、少しずつでも積み重ねていく。イチローのニュースが流れない日は無いが、彼の日々の研鑽を分業社会の人々が手本として求めているからではないか。

4．社会人とは――やや小難しくその意味を問う

社会とは

『日本国語大辞典』では、「社会」項目の①で、「人々がより集まって共同生活する形態。明治八年（一八七五）、福地源一郎（桜痴）が英語の society の訳語としてこの語を用いてから、近代の社会学では、自然的であれ人為的であれ、人間が構成する集団生活の総称として用いる。家族、村落、ギルド、教会、階級、国家、政党、会社などはその主要な形態である」としている。社会学的には、家族も社会の一形態、学校も社会の一形態である。だから、家族員も学校人も社会人の一部である。

「社会」項目の②では「一般的に、家庭や学校をとりまく世の中。世間」としている。

同辞典は続けて「社会に出る」の用例を「学校などの教育機関や家庭の保護から離れて、一人前

の独立した人間としての仕事や役割を世の中で持つようになる」と説明している。

社会人とは

「社会人」という言葉は広く使われているので、いまさら語義をあれこれ言うのもおこがましいが、改めて国語辞典を見ると、その意味は複数あり、広狭異なるだけでなく、現在辞書で説明されている意味では不足があるのではないかと思われるので、注意をしておきたい。

なお、社会学事典は各種あるが、どれにも「社会人」の項目はない。

岩波書店の『広辞苑』では「①社会の一員としての個人。②実社会で活動する人」。『岩波国語辞典』では「①実社会で活動する人。②社会の一員としての人」としている。この二冊では①と②を入れ替えただけ、また「個人」と「人」を入れ替えているだけで、後はまったく同じである。ただ、どちらも、言葉を削りこんでいて、後述の通り、意味がよく分からない。

その点、小学館の大型辞典である『日本国語大辞典』(第一〇巻)の説明が、少し字数が多くて、理解ができる。すなわち、「①社会を構成する一員としての個人。②社会で職業につき、活動している人。学生、生徒などに対していう」。①の説明では、その個人に職業があるかないかは言及していない。①の説明が社会学的な見方に沿うものであるとすれば、学生も生徒も社会人であることになる。「おとな」に限定しているわけでもない。

②では学生・生徒は社会人から外されている。ここでは明示されていないが、当然、児童・園児・

乳幼児も社会人から外されている。

さらに、②で言う「学生、生徒」はいわゆるフルタイムの学生・生徒であろう。夜間課程の学生・生徒は視野に入っていないようである。夜間課程の大学学部・大学院、定時制高校、夜間中学校には、すでに職業をもっていて、かたわら学んでいるという学生・生徒が含まれる。彼らは社会人であると同時に学生・生徒であると考えるのが妥当と思われるがどうであろうか。

いずれにせよ、以上の辞書は、①と②で広義と狭義の説明を挙げている点で共通している。ところで、広義の方の「社会の一員ではない個人」というのはありうるか。あるとすれば、人間社会に発見される前の野生児や、人里から遠く離れて孤立生活を続けている人くらいではないかと思われる。

野生児も狼の群れの中で育てば、動物社会の一員となっているわけで、「社会の一員としての個人」は該当することになる。ガリバーのように漂着した島で孤立生活に入っても、人が二人いれば社会関係が生じ、社会学的には社会があることになる。無国籍者や住民票のない人も、食べるために何かをしていれば、社会関係の内にある。都会で孤立無援、没交渉の暮らしをしている人は「コミュニティの一員となっていない」とは言えても、「近所付き合いの悪い人」と評される一員ではある。病院で植物人間状態になっている患者は、患者の生命を維持しよう、意識を回復させようとしている周りの人びとにとっては、かけがえの無い人で、家族親族の一員、友人仲間の一員とみなされている。

以上のように見てみると、広義の説明の「社会の一員としての個人」は「人類ほとんど社会人」

と言うに等しくなる。「社会人」とはほぼ「ヒト」と同じである。ヒトが社会の一員として生きていることを強調する語として、広義の「社会人」が用いられている。

この点、『新明解国語辞典』では、「実社会で働いている人」しか挙げていない。「社会の一員としての個人」という説明は意味が無いと考えたのであろうか。

実社会とは

次に、「実社会」という語について問いたい。「虚社会」という対語はない。「実際の社会」あるいは「現実の社会」の略語として、「頭で思われている社会」「美化されている社会」「理想化されている社会」という概念に相対する語になる。

ここでも、『新明解国語辞典』にある「実社会」の説明が注目される。

「実際の社会。〔美化・様式化されたものとは違って複雑で、虚偽と欺瞞とが充満し、毎日が試練の連続であると言える、きびしい社会をさす〕」とある。暗い。このように暗く表現するしかないであろうか。ピノキオの過ちを繰り返さないで、という辞書作者の願いが込められているかのようである。

しかし、現代の現実社会は「享楽、遊興の場が多く、福祉サービスが充実してきて、貧困苦難からの回避ルートに乗れる人々も多くなった安楽な社会」でもある。日本人には道楽という生き方があった。

「渡る世間は鬼ばかり」と疑心暗鬼で世の人々を頭ごなしに見なさずに、現在はむしろ「良い人も居るのだから」と教えて、未知の人々との接触に対して過度に恐怖心を抱かせないよう、精神的にストレスを抱え込まないように導こうとする。医療・福祉の高度に充実した社会は理想的社会になろうから、「実社会は欺瞞に充ちた厳しい社会」という説明はそれに該当しないことになる。

「社会で職業につき、活動している人」は「有職者」に限定している。それに対して「実社会で活動している人」の「活動」は「職業」以外の社会的活動をも含む。職業人・労働者、職業としてではない社会的活動の従事者は「社会経験」を有しているとみなされ、その点で学生・生徒と区分される。「社会人にあるまじき行為」などの用例を見ると、社会人は社会でのルール、マナーをわきまえ、実践する人という意味もある。

ところで、高齢社会になると、退職者が多くいるが、彼らは社会人に含まないのか。余生をその専門的技術、専門知識を活かして、ボランタリーに貢献する動的な場合は、それに該当するだろうが、定年退職後に家事以外には、同じ学校・会社の同窓会活動に参加する、病院に通院するくらいしか、活動していないという場合はどうか。一考を要する。

「社会人」の定義として、新たに「実務経験のある人」というのを加えると、退職高齢者も含まれてくる。「実務経験のある人」という定義は社会人入試の出願資格などで使用されているもので、辞書ではそれを採択してはどうだろうか。

社会人の新しい定義

以上のように見てくると、「社会人」の第三の定義として、「学校教育を終えた人」というのも理解されやすいかもしれない。しかし、現代人は学生と社会人とをその生涯において繰り返して再現する。学生から社会人へ、社会人から学生へ、そしてまた学生から社会人へ。現代社会は、学生と社会人のリサイクル社会である。

心理学・教育学で言う「発達 development」、社会学で言う「社会化 socialization」、文化人類学で言う「文化化 enculturation」は、子どもがおとなに成長する過程において学習し、個人の変わっていく様相を指している。それだけでなく、これらの用語は、異なった社会・文化で育ったおとなが、新しい社会・文化に適応するために学習する過程に対しても使われる。

社会人学生は今まで獲得した経験を、すっかり脱ぎ去りたい場合もあろうが、実際にはそれは困難なので、新しい環境に合った衣類を重ね着して、適応していくのが、現実的である。その際、新しい衣を着るために、自分は今何を着ているか、はっきり知ることが必要であろう。経験上、判別できるが、言葉でうまく説明できないというような経験知、いわく言いがたい暗黙知を有していること。これは社会人学生の長所である。経験知の豊かな社会人は経験値（経験点）もより高く上げることが可能である。いわく言いがたいことをできるだけ自覚化し、言語化すれば、より多くの環境に適するように、うまく重ね着ができるであろう。

付録　指導教員とのコミュニケーションと指導の受け方

藤林　慶子

指導教員とのコミュニケーション、つまり論文執筆状況についての報告は、一概には言えないが、できるだけ細かくとった方がよいことはいうまでもない。一概には言えないとしたのは、指導教員によっては、あまり来なくてもよいという人もいるかもしれないからである。大学院での勉強は、学部と異なり、教員との関係が近くなる。近くなるなり方が、教員によっても、学問分野によっても異なる。しかし、社会人を経て大学院生になる場合には、学問から離れていたという不安も大きいだろうし、授業料を払っているのだから、どんどん指導教員を活用しよう。

社会人大学院生の場合、仕事の都合でなかなか指導教員との面接が行えない場合も多い。メールでもかまわないので、こまめに連絡を入れることが重要である。返事を期待しない時候のあいさつメールのようなものでもよい。今、ここまでやりました、ここを調べていますという簡単な報告だけでもよいから、ともかく「やっています」という姿勢を見せると、自分でもやらなければという思いになるので一石二鳥である。

他方で、全然やっていない場合には、なかなかコミュニケーションがとりにくい。報告すべき進捗状況がない場合の難しさである。報告したくても報告する内容がない、前回から全然進んでいませんという連絡を入れるということは相当気まずいので、どんどん疎遠になってしまう。修士課程を中途退学するパターンのほとんどが、連絡が入らなくなるということから始まっていく。最初は意気込んでいて、何度も会いに来たのに、どんどん連絡が入らなくなり、知らないうちに退学届が出されていたということも少なからずあることである。

社会人であれば、「ホウレンソウ」（報告、連絡、相談）が重要だということを徹底的にたたき込まれる筈である。仕事ではきちんと「ホウレンソウ」ができるのに、大学院の指導教員にはなぜできなくなるのか不思議である。学生ということで、ついつい甘えてしまうのだろうか。しかし、人間関係を潤滑にする基本的なノウハウは、大学院生活も社会人生活も全く同じである。できていなくても、「忘れないでね、一応がんばっているんです」というメッセージを入れることは、自分でもやらなければならないという思いになるので、やはり連絡だけは入れるようにして、できれば相談のレベルにまで持って行けるようにしよう。

しかし、相談のレベルにまで持って行くことがまた難しいのである。社会人としてのプライドがあるためか、恥ずかしいのか、書けませんということを相談しない学生が多い。書けないということを認めることから論文執筆は始まるし、書けないということを相談しないからどんどん行き詰まっていくのである。社会人であっても、なぜか学部の学生と同じレベルに戻り、怒られるから先生のところに行きにくいというようになってしまう人もいる。

今はあまり怒る先生もいないのではないかと思うし、教員にしてみれば怒っているのではなく、ただ「あら、あまり進んでいないのね」とか「そう、書けないの」と軽く言っていることが、社会人でありながら学部の学生のようにショックだという人もいる。自分の中に負い目があるので、そのようにショックを受けてしまうのである。

まず、論文が進んでいないという事実をうけいれよう。そして、なぜ進んでいないか、なぜ進まないかを、指導教員に相談することで解決しよう。教員にしてみれば、その人が何年かけようが、修了することが重要であり、根気よくつきあう準備はできている。ただあまり長く在籍すると学生にとって経済的負担が大きくなるので、できるだけ早く修了してほしいと願いながら、指導をするのである。怒られてもいないのに怒られていると受け取る自分の気持ちをきちんと受容して、やっていないという事実から目を背けずに、つまずきながら転びながらも、どうやって一歩前進するかを考えてほしい。

たとえて言えば、社会人大学院生はヒマラヤを登頂するチャレンジャーであり、教員はそれを助けるガイドである。頂上を目指すのは、大学院生であるあなたなのである。

社会人大学院生だけではなく、近頃の大学院は、一切主指導教員に連絡をしないまま、論文執筆を終えてしまったという例が多いらしい。これだけは避けたい。一切見せない、相談しないまま論文が書けるのであれば、それだけの実力があるからよいでしょうという主張もあろうが、実際には内容的にむちゃくちゃで、これでは口頭試問を通らないということになりかねない。そのためにも、研究分野や研究内容にもよるが、最低でも、①調査を実施する前、②論文の構成が確定した段階、③ある程度書いた段階で、主指導教員と連絡を取り、確認をするということが必要である。この頻度も指導教員によって異なるとは思うが、どうしようもない調査票を作成して結局分析しきれなかったとか、調査の前に倫理のことを考えなかったために結局調査が無駄になったということがある。このようなことを避けるためにも、指導教員とのコミュニケーションをとることが必要である。

社会人大学院生であっても、指導を受けると批判をされたと思って落ち込む人がいる。自分がやっていることを否定されたと思ってしまうようである。指導とは批判ではなく、あくまでも良くないやり方を良いやり方に変えるために行っているのである。導いているのであり、あまりに何度も否定されるととるのであれば、何が指導教員と自分の間で異なるのかを徹底的に話し合った方がよい。また、仕事ではないのだから、慣れない論文執筆には指導を受けて当然であると思うようにしよう。どんなに自分の職場ですばらしい働きをしていても、論文執筆に関しては初めてなのだから、直されて当然という気持ちで受けることが重要である。

また社会人大学院生の場合に、指導に対して、延々と自説を述べる場合が少なくない。自説を聞いているうちに、その思い込みや間違った解釈等が明らかになるのであるが、ここでも自説をなかなか崩せない人が多い。自分の思い込みだけで論文を書いており、長々と述べてはいるが、言っている意味がわからないということが多々ある。理解できない文章になっているからこそ、指導教員は指導をするのであり、どんなに力説を重ねても、その論文がおかしいことには変わりない。

延々と述べている自説と内容が全然一致していない、つまり文章表現が適切ではないという場合もある。文章は必ず見直そう。見直しても自分の癖にはなかなか気がつかないから、できるだけ学生同士でもチェックし合うようにしてみよう。

論文は謙虚な気持ちで書くこと。できれば、指導教員には、嫌がられるくらいまめに連絡を入れる。指導教員をフルに活用する。これがスムーズに論文を書くことの奥義ではないかと考える今日この頃である。

あとがき

冒頭にも述べたように、本書は、東洋大学福祉社会システムデザイン研究科福祉社会システム専攻での授業をもとにしている。日本初の社会人のための社会科学系大学院としての試行錯誤の成果を、このような著作として形にできたことを素直に喜びたい。

当該専攻に深くかかわりながら、本書の執筆に当たられなかった先生方は少なくない。当該専攻設立当初は、大坪省三先生と大友信勝先生が代わる代わる主任を務められた。また片平洌彦先生は、本書の元となるテキストの作成に尽力された。さらに当該専攻は学生の定員数が比較的多いことを反映し、教員の体制も大所帯で、設立当初の専任教員は一三人、他専攻兼務の先生方が一六人、非常勤講師の先生方が一〇人であった。その後、体制の一部に変更はあったが、多くの先生方に支えていただいている点では今日に至るまで変わりはない。社会人を対象とするために通常の授業は夜間に開講され、土・日曜日や祝日にも様々な予定が入る。教員の負担は大きい。にもかかわらず、専攻設立以来、非常勤講師をお勤めくださっている先生もおられる。これら先生方のご努力と学内外の方々のお力添えに支えられて私どもの専攻があり、本書の出版にまで至った。現任教員一同、深く感謝の意を表したい。

また東信堂の下田勝司社長には、私どもの専攻の目的に共感くださり、本書の出版を快くお引き受けくださった。向井智央氏には、気儘癖のある教員への原稿催促から細部にわたる編集作業まで、多大の御苦労をおかけした。心からの御礼を申しあげる次第である。

東洋大学福祉社会システム専攻出版委員会

執筆者一覧（執筆順）

井上　治代（いのうえ　はるよ）　第1部Ⅰ

東洋大学ライフデザイン学部健康スポーツ学科教授

須田木綿子（すだ　ゆうこ）　第1部Ⅱ、第2部Ⅰ・Ⅱ

東洋大学社会学部社会福祉学科教授

西澤　晃彦（にしざわ　あきひこ）　第1部Ⅲ、第2部Ⅳ

東洋大学社会学部社会学科教授

紀　　葉子（きの　ようこ）　第1部Ⅳ、第2部Ⅴ

東洋大学社会学部社会学科教授

藤林　慶子（ふじばやし　けいこ）　第2部Ⅲ、付録

東洋大学社会学部社会福祉学科教授

高山　直樹（たかやま　なおき）　第2部Ⅵ

東洋大学社会学部社会福祉学科教授

松本　誠一（まつもと　せいいち）　終章

東洋大学社会学部社会文化システム学科教授

経験と知の再構成——社会人のための社会科学系大学院のススメ

2011年3月31日　初　版第1刷発行　〔検印省略〕

定価はカバーに表示してあります。

編者© 東洋大学福祉社会システム専攻出版委員会 ／発行者 下田勝司　印刷・製本／中央精版印刷

東京都文京区向丘1-20-6　郵便振替00110-6-37828
〒113-0023　TEL (03) 3818-5521　FAX (03) 3818-5514　発行所 株式会社 東信堂

Published by TOSHINDO PUBLISHING CO., LTD.
1-20-6, Mukougaoka, Bunkyo-ku, Tokyo, 113-0023, Japan
E-mail : tk203444@fsinet.or.jp http://www.toshindo-pub.com

ISBN978-4-7989-0057-5 C3037